# INFORMAÇÃO, INTELIGÊNCIA E UTOPIA

Dados Internacionais de Catalogação na Publicação (CIP)
(Câmara Brasileira do Livro, SP, Brasil)

Simões, Roberto Porto
   Informação, inteligência e utopia : contribuições à teoria
de relações públicas / Roberto Porto Simões. — São Paulo :
Summus, 2006.

Bibliografia.
ISBN 85-323-0295-5

1. Comunicação  2. Relações públicas  3. Teoria da informação
I. Título.

06-5435                                                  CDD-659.2

Índice para catálogo sistemático:

1. Informação em relações públicas : Administração de empresas   659.2

Compre em lugar de fotocopiar.
Cada real que você dá por um livro recompensa seus autores
e os convida a produzir mais sobre o tema;
incentiva seus editores a encomendar, traduzir e publicar
outras obras sobre o assunto;
e paga aos livreiros por estocar e levar até você livros
para a sua informação e o seu entretenimento.
Cada real que você dá pela fotocópia não autorizada de um livro financia o crime
e ajuda a matar a produção intelectual de seu país.

Roberto Porto Simões

# INFORMAÇÃO, INTELIGÊNCIA E UTOPIA

Contribuições à Teoria de Relações Públicas

summus editorial

*INFORMAÇÃO, INTELIGÊNCIA E UTOPIA*
*Contribuições à Teoria de Relações Públicas*
Copyright © 2006 by Roberto Porto Simões
Direitos desta edição reservados por Summus Editorial

Editora executiva: **Soraia Bini Cury**
Assistente de produção: **Claudia Agnelli**
Capa: **Daniel Rampazzo / Casa de Idéias**
Projeto gráfico: **Raquel Coelho / Casa de Idéias**
Diagramação: **Sheila Fahl / Casa de Idéias**
Fotolitos: **Casa de Tipos**

**Summus Editorial**
Departamento editorial:
Rua Itapicuru, 613 – 7º andar
05006-000 – São Paulo – SP
Fone: (11) 3872-3322
Fax: (11) 3872-7476
http://www.summus.com.br
e-mail: summus@summus.com.br

Atendimento ao consumidor:
Summus Editorial
Fone: (11) 3865-9890

Vendas por atacado:
Fone: (11) 3873-8638
Fax: (11) 3873-7085
e-mail: vendas@summus.com.br

Impresso no Brasil

# AGRADECIMENTOS

Este livro somente foi possível em razão do incentivo e da ajuda oferecidos por várias pessoas. Dentre elas, o Prof. Dr. Francisco Rüdiger, que me orientou para eliminar alguns pecados epistemológicos e sugeriu o título da obra; o Prof. Dr. Roberto Ramos, sempre pronto para debater aspectos quanto aos procedimentos metodológicos; o Prof. Dr. Jacques Waimberg, preocupado com a visão internacional do tema; o Prof. Dr. Elvo Clemente, motivador da realização desta obra e de outras já concluídas; a Profª Dra. Bárbara Delano, pelo seu aguçado sentido de crítica e por integrar a idéia de Micropolítica em seus trabalhos acadêmicos; o Prof. Miguel Cavatorta, outro incentivador do estudo de Relações Públicas na América Latina; e a aluna Bárbara Lorenzato, bolsista de iniciação científica PUC-RS/CNPq, pela busca de bibliografia e digitação dos originais.

Agradeço, também, aos numerosos colegas e alunos que discutiram comigo o conteúdo do livro, permitindo avanços na elaboração do texto, corrigindo proposições equivocadas e não percebidas, em razão do vício de não conscientizar o que já estava arraigado em minha percepção.

A todos, os meus agradecimentos.

# SUMÁRIO

*Apresentação*..................................................................................9

*Introdução*...................................................................................13

O conceito de informação na bibliografia de Relações Públicas.............17

Informação como matéria-prima (ou básica) de Relações Públicas ........19

A informação e o objetivo de Relações Públicas...................................21

A informação e suas vias de transporte ...............................................27

A informação.....................................................................................33

Significado de informação em Relações Públicas ..................................35

Informação e Teoria da Forma.............................................................39

O processo de informação com base na psicologia cognitiva................43

Informação na Teoria Matemática da Comunicação .............................49

Informação como um sistema de massa–energia..................................55

A natureza ou caracterização da informação........................................59

Conceitos afins à informação...............................................................65

O significado de Relações Públicas ....................................69

O *fazer* de Relações Públicas ...........................................73

O *ser* da atividade de Relações Públicas — sua definição conceitual .....79

Alguns exercícios práticos .................................................87

Relações Públicas e Serviço de Inteligência — uma oportunidade .........93

Considerações finais .........................................................97

A utopia no cenário da atividade de Relações Públicas .......................99

*Referências bibliográficas* ..............................................113

# APRESENTAÇÃO

O texto aparentemente pequeno não deve enganar o leitor afoito: literalmente se aplica aqui o velho ditado de que é nos menores frascos que se encontram os melhores perfumes.

Acompanhei de perto a realização deste livro. Suas primeiras idéias, a pesquisa perseverante do autor, sua organização mental, seus desafios, sua concretização, enfim. Colega de Programa de Pós-Graduação e de sala, estive dia a dia ao lado do autor enquanto ele o idealizava, azafamava-se com a resolução de algum dilema, angustiava-se com a dúvida sobre a melhor solução para alguma questão, vibrava, enfim, quando chegava a algum resultado positivo.

O volume é pequeno, mas é rico. É metódico em sua concepção. Roberto Porto Simões parte de dois termos aproximáveis, mas nem sempre compreendidos: informação e Relações Públicas. De permeio, discute a questão da comunicação, da utopia e da inteligência. Organizada em duas grandes e claras partes, a obra desenvolve e aprofunda algumas questões que, encontráveis de passagem em outros trabalhos, são aqui absolutamente esmiuçadas.

Simões passou meses consultando manuais, dicionários, obras variadas sobre cada uma dessas questões. Na dúvida, a elas retornava, como que munido de lupas, a fim de descobrir o segredo que se escondia por trás de cada uma de suas páginas.

Se a obra de arte resulta de uma pequenina dose de inspiração e uma grande parte de transpiração, que permite o equilíbrio e a correta medida almejada pelos gregos, Simões pode afirmar que esta obra é arte: ele construiu-a minuciosa e pacientemente, com método, com cuidado, com a dedicação típica daqueles que transformam um tema ou uma utopia em sua idéia fixa (verdade que, aliás, ele confessa em algumas das páginas do presente volume, ao admitir que dedicou toda a sua vida a perquirir esse problema).

Se a pesquisa acadêmica deve observar o cuidado na escolha das fontes, a discriminação quanto aos conceitos e o cuidado quanto ao que é asseverado, não resta dúvida de que a pesquisa de Simões se constitui em verdadeira obra acadêmica (o que, aliás, ele reivindica, humilde mas conscientemente).

Incluindo-me entre os pesquisadores do campo da teoria e da história do jornalismo, tenho em comum a preocupação com aquela matéria-prima comum ao campo de pesquisa de Simões: a informação e a comunicação. Por isso, sinto e compreendo perfeitamente sua preocupação e sua insatisfação ao tentar conceituar o que seja cada um desses dois fenômenos. Na verdade, trata-se de matéria fluida, escorregadia, que apresenta diferentes aspectos conforme a disciplina que as examina, como o foco de poderoso, ainda que diminuto microscópio.

É desse tipo de obra que a academia necessita: ela tem a precisão do ensaio teórico, mas a facilidade de compreensão do manual mais simples, que serve de introdução ao estudo de determinada matéria. É preciso, teoricamente, mas rico, praticamente. Fica evidente que seu autor possui essa dupla qualificação: é um profissional capaz de refletir sobre a prática que concretiza.

Por tudo isso, trata-se de um livro recomendável não apenas aos estudantes ou profissionais do campo de Relações Públicas, mas a todo curioso, intelectualmente falando, que se aventure nas tentativas múltiplas de respostas acerca desse complexo, desafiador e provocante fenômeno.

*Antonio Hohlfeldt*
Professor doutor, coordenador do
Programa de Pós-Graduação da Faculdade de
Comunicação Social (Famecos) da PUCRS e
vice-governador do Rio Grande do Sul.

# INTRODUÇÃO

Toda profissão tem um propósito moral.
A Medicina tem a Saúde. O Direito tem a Justiça.
Relações Públicas tem a Harmonia — a harmonia social.

(Seib e Fitzpatrick, *Public Relations ethics*, 1995)

As proposições deste texto têm por objetivo complementar a rede teórica contida em *Relações Públicas: função política* e *Relações Públicas e micropolítica* (Simões, 1995 e 2001), desta feita desenvolvendo a premissa de informação como matéria-prima — ou primária — da atividade de Relações Públicas. Entenda-se por matéria-prima o que é transformado pelo trabalho do homem para determinado fim. Trata-se do princípio fundamental do qual procedem todos os seres do mundo físico e que, com a forma, constituem os corpos. Observa-se, nesta introdução, que a matéria-prima de qualquer atividade humana constitui-se no corpo de uma disciplina humana. Isso é o que ocorre em Relações Públicas com relação à informação. A atividade de Relações Públicas é aqui definida como "a gestão da função organizacional política", da qual a comunicação faz parte como meio e não como fim. Não há nenhum demérito científico para a comunicação, como processo e resultante, que se venha considerá-la apenas como a aparência da atividade, enquanto a relação de poder caracteriza-se como a essência. Nesse quadro de referência, Relações Públicas é uma função organizacional companheira das funções de Produção, Financeira, Marketing, Pesquisa e Desenvolvimento (P&D) e Recursos Humanos.

É feita a revisão crítica de algumas obras, contendo, explicitamente, o conceito de informação como integrante da disciplina e da prática da atividade. Segue apresentando os significados de informação, segundo algumas de suas origens, salientando as correntes da cognição, da forma, da matemática e da massa–energia. Essas quatro correntes foram escolhidas, um tanto aleatoriamente, mas também pelo fato de encontrar-se boa quantidade de documentos científicos referentes a elas. Por fim, integra o conceito de informação, sua natureza e seus princípios na rede teórica aqui desenvolvida.

Esse esforço de pesquisa e relato à comunidade dessa ciência particular e atividade profissional baseia-se na premissa do paradigma anglo-saxônico de que o mundo real está à nossa frente, precisando ser compreendido, previsto e controlado. Isso somente poderá ocorrer segundo o princípio de que cada parte está integrada ao todo e com ele deve-se coadunar; e de que o todo somente será útil, na teoria e na prática, se não contiver incoerências entre as partes e o todo. Comprove-se essa proposição em Maser (1975), quando se expressa sobre pressupostos metodológicos.

Assim ocorrendo, a teoria corresponderá à prática e terá validade até o momento em que aconteça uma revolução científica, apresentando uma teoria mais válida para a finalidade de explicar e intervir no seu mundo específico. As "teorias" existentes na esfera de Relações Públicas se apresentam fragmentadas, às vezes, contendo reducionismos — tudo explicado por um único conceito ou princípio. Outras vezes se apresentam saturadas de ecletismo — misturando conceitos, definições e princípios de várias ciências sociais, sem defini-los e dizer de suas origens. Quando isso ocorre, todo texto é, aparentemente, válido. Contudo, as proposições estão baseadas em premissas erradas, com conclusões incorretas. Há ainda as propostas teóricas que se esquecem de que a ciência é descritiva e jamais normativa. Defronta-se com exemplos desse equívoco, quando em uma teoria surge a proposição: "Isso deve ser assim". O verbo "deve", os adjetivos e os advérbios têm seus lugares distantes do conhecimento científico. Situam-se melhor na técnica e na doutrina.

Outro aspecto epistemológico que essa teoria se propõe a seguir é o de que o conhecimento teórico sobre a atividade de Relações Públicas encontra-se em linha limítrofe entre as ciências da natureza (o ser humano com seus aspectos sociais, bioquímicos e neurológicos) e as ciências sociais, entre a macropolítica e a micropolítica, entre a psicologia e a sociologia, e entre as ciências sociais e as ciências da natureza. Seu estudo aceita o método discursivo, mas requer o método empírico. Demanda que as suas premissas sejam testadas na prática, uma vez que não existe apenas para desconstruir, mas para explicar, prever e controlar fenômenos do relacionamento das organizações com seus públicos. A proposta popperiana de falsear as proposições é mais ampla do que apenas desconstruir o conhecimento existente.

Compreender o significado e a natureza do conceito de informação e caracterizar sua utilização em Relações Públicas defronta-se, contudo, com um problema de lógica: como demonstrar a relação, desenvolvendo um teorema dedutivo desses dois axiomas, se as duas variáveis do tema não possuem definição conceitual e consensual em suas comunidades científicas, dando fundamentos ao tratado que se deseja relatar aos iniciados nos dois temas? As premissas quanto à definição de informação e de Relações Públicas são várias. Todas possuem os seus conceitos definidos de inúmeras maneiras, caracterizando ambigüidade e dificultando a elaboração do conhecimento e da prática da atividade. Trata-se de tarefa difícil, mas possível.

O desafio de atingir o objetivo é factível de ser superado, desde que se abandone a óptica da definição conceitual e caracterize-se sua natureza. Então, nesse limite de compreensão do conceito, elaboram-se os vínculos entre Relações Públicas e informação, permitindo que se compreenda o processo de Relações Públicas e se tenha condições de prognosticá-lo, intervir nele e controlá-lo.

Pode-se argumentar em defesa do propósito deste trabalho que o objetivo, apoiando-se em princípios de Popper (1974), da ciência geral e das ciências particulares, Relações Públicas e informação, é compreender, prever e controlar os fenômenos de suas áreas, necessitando para isso de um sistema preciso e prático de definições, princípios e leis, desenvolvido e aprofundado pela crítica obstinada, e jamais pela aceitação superficial e repetida de autores.

É possível que essas idéias surpreendam (e todo pesquisador gostaria que suas conclusões surpreendessem, antes de tudo, a si próprio), pois, quando se faz ciência, busca-se o original, podendo levar a revoluções científicas, na maioria das vezes, rejeitadas pela comunidade em razão de hábitos e ideologias arraigados na mente dos pesquisadores.

# O CONCEITO DE INFORMAÇÃO NA BIBLIOGRAFIA DE RELAÇÕES PÚBLICAS

É do senso comum na comunidade de pesquisadores e professores de Relações Públicas e, talvez, de muitos profissionais a existência do conceito de informação na teoria e no exercício profissional dessa ciência e atividade. Confirmam essa idéia as históricas e usuais proposições: "O público que se dane"; "O público deve ser informado"; "O público quer ser informado" e, por fim, "O público exige ser informado".

A revisão crítica de textos sobre o tema, possivelmente, surpreende aqueles com inquietude intelectual sobre ele. Professores, profissionais e alunos, em inúmeras ocasiões, citam informação e integram esse conceito de forma aleatória em seus discursos. Fazem isso sem se dar conta da relevância teórica e prática do conceito. Fala-se muito em "comunicação", utiliza-se esse termo em diversos sentidos, mas esquece-se de citar a essência do processo de comunicação: a informação.

Este capítulo objetiva, após selecionar citações sobre informação, em amostra aleatória de obras sobre Relações Públicas, identificar proposições testemunhais, explícitas ou implícitas, desse conceito, da sua natureza e da sua utilização em Relações

Públicas, quer na teoria quer na prática, visando comprovar o que outros autores já falavam sobre informação, porém sem defini-la e sem colocá-la em uma rede teórica integradora.

A crítica que pode ser feita é dizer que a representatividade dessas obras é insignificante no contexto mundial, que a amostra não tem validade. Contudo, se assim o é, estão todos, acadêmicos e profissionais brasileiros, limitados em suas fontes de conhecimento, pois essas obras compreendem a maior parte das existentes nas livrarias e bibliotecas brasileiras.

Apresentam-se, a seguir, alguns exemplos de citações, contendo o termo "informação", analisando-se os autores e suas contribuições para o conhecimento científico de Relações Públicas sob três critérios:

1. Informação como matéria-prima (ou básica) de Relações Públicas.
2. Informação como meio para atingir objetivos em Relações Públicas.
3. Informação localizada nos canais do processo de comunicação, tanto em única via como em via de mão dupla.

Apesar de a quase totalidade das citações se enquadrar nos três aspectos, todos os três critérios, colocados segundo a óptica cronológica das publicações, evitam conotar as citações com outros critérios valorativos. Difícil é colocar todas essas citações, dando ao texto fluidez. Esta apresentação, assim feita, identifica, em detalhes, a contribuição dos autores citados.

# INFORMAÇÃO COMO MATÉRIA-PRIMA (OU BÁSICA) DE RELAÇÕES PÚBLICAS

O primeiro grupo diz respeito aos autores que colocam, explícita ou implicitamente, a informação como a essência ou a matéria-prima das Relações Públicas, indo ao encontro da tese deste trabalho.

Inicia-se com Bullis (1949, p. 31) que, no seu pioneirismo, já asseverava: "Informação, antes de tudo, é a matéria-prima das Relações Públicas". Naquela época, informação fazia parte do discurso de Relações Públicas. Talvez seja válido dizer que antes mesmo isso já ocorria. Faltou, no entanto, referencial bibliográfico para confirmar essa assertiva.

Dezesseis anos após, não significando que antes não tenha havido outros autores falando sobre o tema, encontram-se Chaumely e Huisman (1964, p. 18): "A imensa vantagem, o benefício insubstituível da informação exata largamente difundida, é o que constitui a essência das Relações Públicas". Nessa citação, o termo "matéria-prima" é substituído pelo conceito de essência, considerado sinônimo do anterior. Essa troca irá ocorrer igualmente em outras citações.

Segue-se Penteado (1968, p. 27), muito conciso, que diz: "A essência das Relações Públicas é a informação ao público". Esse autor também faz a troca dos termos. A idéia, porém, permanece a mesma.

Na seqüência, Coqueiro (1972, p. 82) junta-se ao grupo e acrescenta a expressão "elemento básico", provocando redundância, em nada desqualificando a idéia da matéria-prima ou essência: "A informação, que é a matéria-prima e o elemento básico de Relações Públicas".

Dessa primeira amostra participa, também, Wey (1986, p. 12), ao dizer: "E a informação — mais do que qualquer outro dado — é que constitui o objeto essencial das Relações Públicas". Maneiras diferentes de afirmar um princípio cujo significado é um só.

Seis autores em Relações Públicas propondo o mesmo princípio básico, mas cada um com seu estilo redacional. Esse é um problema das ciências sociais, e, entre elas, as Relações Públicas, que somente será superado quando a comunidade científica dessa área do conhecimento, após inúmeras pesquisas, sintetizar os seus conhecimentos em um manual.

## A INFORMAÇÃO E O OBJETIVO DE RELAÇÕES PÚBLICAS

O segundo grupo contém citações que, de uma maneira ou de outra, vinculam informação e sua função para a consecução do objetivo de Relações Públicas. Utilizando o mesmo critério de precedência histórica, encontram-se, em primeiro lugar, Nielander e Miller (1961, p. 182): "Todos os negócios têm a responsabilidade de manter bem informado o público em geral sobre suas atividades. Se os públicos suspeitarem de algum aspecto relevante, trará problemas para o negócio". Esses autores, em um posicionamento normativo, ao dizer "têm a responsabilidade", integram o aspecto técnico ao ético e salientam o resultado negativo, se ocorrer a falta de informação no sistema organização-públicos.

Andrade (1965, p. 34), um dos pioneiros do ensino de Relações Públicas no Brasil, dizia: "Relações Públicas objetiva, por meio da informação, da persuasão e do ajustamento, edificar o apoio público para uma atividade, causa, movimento ou instituição". Esse autor junta informação com dois aspectos do exercício de poder, a persuasão e o ajustamento, como se fossem categorias diferentes e independentes. Os três elementos estão interligados.

O uso da informação, em seu significado, com bases na teoria da forma, persuade e ajusta comportamentos e expectativas.

Outro membro desse conjunto é Bernays (apud Poyares, 1970, p. 147): "Relações Públicas são um instrumento vital de ajuste, interpretação e integração entre indivíduos, grupos e a sociedade. A função se desdobra da seguinte forma: 1. Informação dada ao público [...]". Bernays certamente é um dos mitos na comunidade internacional da atividade. Logo, a sua fala implica atenção especial, apesar de caracterizar a atividade de Relações Públicas como *instrumento*, mesmo que seja metaforicamente. Contudo, está claro, em Bernays, que a utilização da informação visa a um objetivo.

De autor em autor, chega-se a Canfield (1961, p. 41), traduzido há tempos para o português, que, ao citar informação, diz "as funções de Relações Públicas são pesquisa, planejamento, coordenação, administração e produção — e que coordenação significa contactos internos, informações a diretores, chefes, grupos de plano de ação". Nessa citação o autor explicita a definição operacional de Relações Públicas e insere informação como parte intrínseca dessa. Se tivesse empregado os verbos "implanta", "avalia" e "controla" programas de informação, estaria, certamente, mais completo e atualizado.

Prosseguindo na caminhada cronológica, chega-se a Azevedo (1971, p. 51): "Relações Públicas visa, pela prática sistemática de uma ampla política de informação, obter uma eficaz cooperação em vista da maior satisfação possível dos interesses comuns". Essa proposição caracteriza muito bem o uso de informação. Amplia o termo, colocando, agregada ao conceito, ampla política, e não apenas um ato, mas uma norma geral, e deixa claro o seu objetivo: a cooperação. Assim se posicionando, já estaria dando respaldo à teoria da gestão da função organizacional política (Simões, 1995 e 2001), que coloca a cooperação como objetivo pragmático da atividade. Formar imagem, formar conceito, obter a boa vontade ficam como passos anteriores à cooperação. Haverá cooperação se antes forem atingidos esses três objetivos. Ao passo que a busca pela harmonia situa-se na finalidade ética.

Na arqueologia didática das citações, encontram-se outros dois autores traduzidos, Lougovoy e Linon (1972, p. 15), que assim se expressam: "À falta do jogo espontâneo da informação, o acontecimento não pode entrar em ressonância (que a mídia provoca). Circula de boca em boca. Nascem assim os rumores ambíguos". Eles apresentam o objetivo de modo diferente. Afirmam o que ocorre se não existir informação. Esse princípio, desde há muito, é do senso comum na comunidade de professores, profissionais e alunos de Relações Públicas.

Peruzzo (1986, p. 27), alguns anos mais tarde, falará em informação e dará a sua finalidade ética: a harmonia social no sistema organização-públicos: "Na utilização das Relações Públicas por instituições, visando à harmonia social, elas servem-se também dos meios de comunicação de massa para divulgar informações". Ora, essa é, também, a proposta da teoria de função organizacional política e a proposta ética de Seib e Fitzpatrick (1995). O interessante, nessas descobertas, é que parece confirmar-se que o conhecimento científico também em Relações Públicas não caminha linearmente, mas aos saltos, em idas e vindas.

Kreps (1989, p. 265) vincula a utilidade da informação diretamente para a organização: "Os esforços de Relações Públicas podem prover agentes de modificação organizacional com informações flexíveis sobre a eficácia relativa às atividades de importante organização". Esse autor poderia ter esclarecido um pouco mais essa idéia se tocasse no ponto de que a informação reduz a entropia organizacional.

A citação: "o profissional de Relações Públicas deve empenhar-se para criar estruturas e canais de comunicação que favoreçam o diálogo e a livre circulação de informações" é de Cahen (1990, p. 280), que enfoca, adequadamente, a comunicação como processo, estabelecendo a informação como o elemento que circula e leva ao diálogo, ou seja, ao objetivo. Aqui, mais uma vez, a compreensão teórica sobre Relações Públicas fica prejudicada, pois não existe linguagem comum no que se refere ao objetivo. Esse, por vezes, é designado por integração, cooperação, harmonia, compreensão mútua, imagem, conceito, comunicação e outros. É provável que sejam termos originados, cada um, de ciências sociais diferentes e lançados em textos de Relações Públicas, sendo assimilados pela comunidade dessa ciência e prática profissional.

Essa ambigüidade do objetivo de Relações Públicas é reduzida por Legrain e Magain (1992, p. 9), ao afirmarem: "e, através da prática de informação, obter uma cooperação mais eficaz, levando em consideração os interesses comuns". Aqui se tem, como objetivo, novamente, o termo "cooperação", assemelhando-se ao empregado por Azevedo (1971, p. 51).

A fim de minimizar custos financeiros, com os quais se defrontam os diversos tomadores de decisão nas organizações, Toth e Heath (1992, p. 141), apoiados no testemunho de Gandy Jr. (1982), Turk (1986), Turk e Franklin (1987), expõem que "os profissionais de Relações Públicas agem, sistematicamente, na busca de informações relevantes".

Lesly (1995, p. 33), em edição mais moderna, citando mal-entendidos e preconceitos, afirma: "Análises da situação, planos para ir de encontro aos problemas e a disseminação de informações corretas podem clarear essas dificuldades". Em Lesly apresenta-se o papel da informação em duas etapas da definição operacional de Relações Públicas: a pesquisa e a elaboração de planos. Poderia ter lembrado o papel da informação no diagnóstico, no prognóstico, na assessoria, na avaliação e no controle. Outro ponto a ser criticado é fazer-se a redundância "informação correta". Se os dados não forem corretos, não existe informação; e, se forem intencionalmente errados, ocorre a desinformação.

Kunsch (1997, p. 205) integra-se a este trabalho, ao afirmar:

> "A atividade de Relações Públicas é de extrema importância para o enfrentamento de crises, pois é ela que deve assumir a responsabilidade pela coleta de informações e pela organização dos contatos com a imprensa e com os públicos de interesse."

Trata-se de uma citação que reforça a relevância da informação. Contudo, Kunsch sai da esfera da ciência e entra no espaço do normativo, da técnica, ao dizer que Relações Públicas "deve" assumir a responsabilidade. Além disso, ao utilizar o termo "importância", está na linha limítrofe entre a ciência e o discurso ideológico. Substituir esse termo por "relevância" talvez caracterizasse melhor o texto.

Por fim, sem negar outros autores e seus possíveis enfoques, tem-se Spicer (1997, p. 239), cuja teoria sobre Relações Públicas assemelha-se à teoria da função organizacional política, citando Daft e Lengel (1984, p. 194-95): "O sucesso organizacional está baseado na habilidade organizacional de processar o potencial de informação extraída da capacidade dos dados para reduzir a incerteza e clarificar a ambigüidade". Ora, essa afirmativa diz que o êxito organizacional depende das informações, e essas, por sua vez, dependem da análise dos dados.

Encerrando o texto sobre informação e sua função no programa de Relações Públicas, conclui-se que ele confirma o papel de matéria-prima, pelas inúmeras funções que exerce.

## A INFORMAÇÃO E SUAS VIAS DE TRANSPORTE

O terceiro grupo refere-se aos autores e às suas citações que destacam a informação como elemento de Relações Públicas, no processo de comunicação, tanto em via única como em via de mão dupla. Testemunha isso Jameson (1963, p. 96), ao afirmar que "Relações Públicas é uma função administrativa que transmite e interpreta as informações de uma entidade para os vários setores do respectivo público". Aqui se apresenta a idéia de mão única da organização para os públicos.

Em Childs (1964, p. 9), observa-se a concordância com Jameson quanto a ser Relações Públicas uma função administrativa. Contudo, o autor coloca essa função com duas vias de transporte de informação, uma buscando informações, e outra enviando-as. Observe-se: "Relações Públicas é uma função administrativa por meio da qual uma instituição, ora informando e guiando a opinião pública, ora pesquisando-a e deixando-se por ela guiar, busca identificar o seu interesse privado com o interesse público". De modo geral, os modelos de Jameson e de Childs servem de paradigma do tema para todos os autores. Com exceção de um ou outro autor, é consensual, na comunidade de Relações

Públicas, que seu paradigma de transporte de informação é o de dupla via.

Essa consideração parcial pode ser encontrada em Chaves (1966, p. 46-7), um dos primeiros nomes, junto com Andrade, no ensino de Relações Públicas no Brasil, que assim se expressava:

> "O técnico de Relações Públicas informa aos públicos, deles também trazendo informações para a instituição, persuade-os a modificar suas opiniões e atitudes e, 'na contínua interação de guiar e ser guiado', busca a integração da instituição com seus públicos."

Sem dúvida, Chaves se posiciona a favor da visão de dupla via e prossegue, dando-lhe o objetivo. Essa posição é encontrada em vários outros autores não citados sob esse aspecto.

Outro autor que se posiciona a favor da via de dupla mão é Simon (1972, p. 37):

> "Relações Públicas de uma empresa significa manter a empresa informada das flutuações na opinião de seus vários públicos [...]. Significa, também, o assessoramento à administração, aconselhando-a quanto ao impacto de suas decisões e omissões sobre a opinião daquele público. Uma vez que a empresa tenha tomado a decisão, a função de Relações Públicas é comunicar esta informação da melhor e mais conveniente maneira às diferentes faixas de públicos da organização."

Essa citação de Simon talvez contenha a maneira mais explícita, teoricamente, de caracterizar as funções da atividade de Relações Públicas. Explana a entrada de informação, caracteriza a assessoria política à direção e utiliza corretamente o conceito de *comunicar* em relação à informação. Aqui, a informação tem seu papel bem explicitado.

Aronoff e Baskin (1983, p. 68) participam da idéia de dupla via, ao afirmarem: "Os profissionais de Relações Públicas são basicamente responsáveis por assimilar e divulgar informação entre as organizações e seu meio ambiente". Evangelista (1983, p. 80) propõe a informação como o meio que vincula a organização aos públicos e esses com a organização. Enfoca, por isso, a tradicional via de dupla mão, afirmando: "O profissional de Relações Públicas obtém informações da direção e as transmite aos seus públicos, e vice-versa". A análise dessas duas citações admite um par de observações. Inicialmente, ambas se posicionam na esfera da via de dupla mão. Depois, cometem reducionismo, ao falarem do profissional, e não da atividade. Na universidade, na disciplina Relações Públicas, estuda-se a atividade, e não o profissional. A utilização da proposição *atividade* é abstrata — o que implica teoria. O termo "profissional" personifica a atividade e não permite a abstração. A atividade é única. Os profissionais implicam diversas características.

Nogueira (1987, p. 199), talvez influenciado por seus antecessores, se expressa de maneira ampla, contendo as vias de transporte o objetivo operacional e, seu correlato, o objetivo ético:

> "Outro aspecto de destaque do trabalho de Relações Públicas é a comunicação, que visa, através da informação, persuadir o maior número de pessoas que devem seguir este ou aquele caminho ao mesmo tempo em que, paralelamente, procura saber quais as tendências da opinião pública, para que possa harmonizar os desígnios do governo com os desejos da massa."

Pinho (1990, p. 37), reduzindo a ciência e a atividade de Relações Públicas a uma técnica de comunicação, considera:

> "Ao posicionar Relações Públicas como técnica de comunicação verificamos que seu papel é bastante diversificado. Por exemplo: Pode informar como a organização está trabalhando para beneficiar a comunidade ou os próprios consumidores de seus produtos."

Dar exemplos de um princípio pode prejudicar, e normalmente prejudica, a idéia anterior que se deseja tornar mais clara e objetiva. O exemplo reduz o significado na prática, gerando questões sobre o que não foi exemplificado.

Por último, mas não menos importante, surge Grunig (1992, p. 18), que faz uma proposta de quatro níveis de Relações Públicas, todas relacionadas com a informação e os canais de sua distribuição. Fundamentado em pesquisas, esse autor verifica que os sistemas de informação da organização para com seus públicos podem ser categorizados em quatro níveis de canais de informação. Dois modelos são aqueles em que a informação vai da organização para os seus públicos, os quais ele identifica como mão única (*one way*), ambos contendo informações favoráveis à organização.

Os dois outros modelos, os de dupla via, apresentam-se com a idéia de esclarecer determinados pontos e evitar o conflito, mas em um deles a organização tem o domínio da situação em detrimento dos públicos. O quarto e último modelo, designado por via de dupla mão simétrica, utiliza negociação, barganha e outras técnicas, de comum acordo entre as partes, tendo ambas o mesmo poder de decisão na mesa de negociação. Grunig (1992) afirma que a única que de fato resolve o conflito e caracteriza-se como ética é a via de dupla mão simétrica.

O que Grunig designa por modelos de Relações Públicas, a teoria da função organizacional política interpreta como modelos de fluxo da informação, concordando com ele quanto aos objetivos e resultados. O autor propõe que somente o nível simétrico de duas vias é o que contém um posicionamento ético da atividade e da organização. Penso que a informação de um dado correto na estrutura de uma via, possibilitando decisões corretas, também é ética.

Além disso, Botan e Taylor (2004, p. 652) afirmam que,

> "por muitos anos, o modelo de Relações Públicas de simetria/excelência de J. Grunig (1992), juntamente com sua asserção que assegura práticas mais éticas de Relações Públicas do que outros modelos, dominou as páginas das revistas de Relações Públicas. Em recentes anos, entretanto, a ênfase na pesquisa em Relações Públicas mudou para abordagens ainda mais relacionais, tendo como foco principal operacionalizar e medir as relações. Mais recente e cronologicamente, os trabalhos de Broom, Casey, e Ritchey (1997), Ledingham e Bruning (1998, 2000), Grunig e Huang (2000) e Huang (2001) ajudaram a enfocar a pesquisa em Relações Públicas na função de Relações Públicas que é a construção de relações."

Definitivamente, Seib e Fitzpatrick (1995, p. 74) dizem que: "A ponte entre Relações Públicas e o Jornalismo é a Informação".

Essas citações e seus autores, contudo, não exaurem o que existe sobre informação e seu papel em Relações Públicas. Esses autores e suas posições representam somente uma amostra do que existe na bibliografia de Relações Públicas. A dedução que se pode fazer de todos esses dados é que a informação tem papel relevante na teoria e na prática de Relações Públicas, ainda que seja tão pouco estudada.

Mas, afinal, o que é informação?

# A INFORMAÇÃO

S egundo Young (1987, p. 17):

"Alguma coisa chamada informação é agora um conceito descritivo básico não somente na teoria da comunicação, cibernética e ciência da computação, mas também em algumas das mais importantes áreas da física, química, biologia e psicologia, particularmente psicobiologia e neurologia. É encontrada em distúrbios do campo eletromagnético, ondas de sons, excitações atômicas e em outros fenômenos físicos; na estrutura e função das moléculas químicas nas atividades sensoriais, *display* comportamental, animais, nas atividades dos neurônios, no sistema nervoso e no cérebro e no complexo inteiro de processos psicológicos ou mentais, de maneira que tais funções cognitivas, incluindo percepção, conhecimento, pensamento, aprendizagem e memória, assim como emoção, volição, consciência e o inteiro fenômeno da mente — são todos agora geralmente caracterizados pelos cientistas como atividades do processamento da informação."

Considerando essa idéia de Young, penso que seja válida para justificar a dificuldade de integrar informação com Relações Públicas. Se isso não fosse suficiente, Yuexiao (1987, p. 483) afirma que se estimam mais de quatrocentas definições de informação. Esse autor assim se expressa:

> "Conclui-se que é impossível e desnecessário requerer que todas as profissões, ciências, culturas e pessoas usem uma definição consensual de Informação. Mas é relevante e necessário para cada profissão e ciência concordar com uma extensão de definições quando definições são discutidas. É relevante e necessário para precisar comunicação e progresso científico compreender a diferença entre definições de informação e opiniões de informação."

Se, por um lado, a investigação científica sobre informação ganhou uma horda de pesquisadores, por outro trouxe junto uma diversidade de definições, cada uma de acordo com sua área. Poder-se-ia afirmar que ninguém sabe seu significado único, se é que esse existe. Ao se concordar com esse ponto de vista, são necessários esforços para definir, se isso for possível, a informação, especificamente para a área de Relações Públicas.

# SIGNIFICADO DE INFORMAÇÃO EM RELAÇÕES PÚBLICAS

A utilização de conceitos em textos científicos requer que eles sejam adequadamente estabelecidos e que se evite o emprego do senso comum. Contudo, algumas vezes, por descuido dos cientistas sociais, nem sempre isso ocorre, proporcionando interpretações errôneas e confusão no seio da comunidade científica e na sociedade leiga. No caso de informação, em especial em Relações Públicas, a conformidade com esse princípio torna-se mais difícil, pois necessita-se encontrar qual a definição e a natureza específicas de informação para essa área do conhecimento. Considerando que não é possível, no momento, a definição única, opta-se por buscar definições de outras áreas e transportá-las para as Relações Públicas, até o momento em que essa disciplina possa ter elaborado a sua própria definição desse termo.

Como de praxe, quando se deseja saber das origens do significado de uma palavra, vai-se em busca de sua base etimológica. A palavra "informação" deriva do latim *informare* (*in+formare*), significando "dar forma, aparência, instruir com específico caráter ou qualidade". É muito provável que, a partir de sua origem, tenha ocorrido a passagem para o significado do senso comum que consta nos dicionários. Para isso, analise-se Ferreira (1986, p. 800), cujo verbete apresenta três itens, relacionados ao conhecimento. Observe-se que seu vínculo com conhecimento provavelmente tenha vindo da idéia de dar forma, disciplinar, instruir ou ensinar a mente, versão que atualmente está em desuso na área científica, mas permanece aceita no discurso do senso comum. Para o leigo, informação implica, em sua base, conhecimento.

Por séculos, informação e seu significado ficaram vinculados à teoria da forma, até que, na década de 1940, surgem três fatores concorrentes:

1. a medida **H** de quantidade de informação de Shanonn;
2. a medida de entropia **S** de Wiener, vinculando informação à entropia; e
3. o desenvolvimento dos computadores eletrônicos comerciais fez brotar a relevância da informação.

Quando o conceito de informação entrou para a área da ciência, abandonou o enfoque da teoria da forma, passando a ser definido de inúmeras maneiras, gerando ambigüidades no uso do termo, sem perder, no entanto, em sua natureza, aspectos relacionados com a forma. Considerando que o objetivo das ciências particulares da informação e de Relações Públicas é resolver os problemas teóricos e práticos dessa área, necessitando para isso de um sistema preciso e prático de definições, princípios e leis, isso pode parecer paradoxal. Contudo, a ciência apresenta sua defesa, ao dizer que ela se desenvolve pela crítica obstinada e jamais pela aceitação superficial e repetição de autores sem a apreciação do olhar crítico.

A ciência inicia-se com uma incerteza, pesquisa-se a resposta que, quando surge, se apresenta com a caracterização da novidade. Esse objetivo pode levar a revoluções científicas, na maioria das vezes rejeitadas, mas pode também finalizar em proposições sem valor algum, mas que, por excelente promoção de seu autor, finalizam como algo aceito, por mais absurdo que possa ser.

# INFORMAÇÃO E
# TEORIA DA FORMA

Informação, explicada pela óptica da Teoria da Forma, traz um acervo de definições, caracterizações e princípios que colaboram para o domínio do tema. Embora a informação tenha sido descoberta como um fenômeno de forma, essa conclusão surge da observação dos processos de informação em sistemas de massa–energia e não derivados de qualquer significado arcaico de informação (Young, 1987).

A relação entre informação e forma pode ser encontrada na definição etimológica de informação, vista anteriormente: "Informar é dar forma". Essa definição é uma pista de deduções a ser seguida. Ora, se informar é dar forma, o desvelar do significado de forma resultará na compreensão de informação.

Por "forma", em latim, entende-se "o aspecto exterior de uma coisa, sua aparência". Essa definição consta na *Grand Enciclopedia Rialp* (1984, p. 310) e na *Grande Enciclopédia Portuguesa Brasileira* (1960, p. 480). A etimologia de "forma" existe também no idioma grego. No idioma de Aristóteles e Platão, e na filosofia de Platão, encontram-se as idéias de *Eidos e Morphe*. Esses dois conceitos contêm as idéias de fundo e forma, de essência e aparência, e de matéria e forma. As duas origens se complementam, facilitando a compreensão do conceito, no significado encontrado na filosofia de Aristóteles que, ao tratar do SER e de seus componentes, faz a relação e a distinção entre matéria e forma: "A matéria é aquilo com o qual se faz algo, a forma é aquilo que determina a matéria para ser algo, isto é, aquilo pelo qual alguma coisa é o que é".

O termo "forma", apesar de constar desde os primórdios no latim, só vai aparecer nas línguas modernas no início do século XVIII, quando Johann G. Herder e Johann W. Goethe introduzem-no no léxico psicológico com o sentido etimológico de cunhar ou esculpir uma figura (Rialp, 1984, p. 313). Daí a idéia de formar a personalidade, formar o aluno, ou seja, dar forma à mente, disciplinar. Nela o vínculo com o conhecimento.

Atualmente, aceita-se a definição de "forma" na Teoria da Gestalt, termo de difícil tradução para o português, mas que se aceita como a "Teoria da Forma". A Teoria da Gestalt foi elaborada por Max Wertheimer, Wolfgang Köhler e Kurt Koffka, dando destaque aos fenômenos relacionados com a percepção. A melodia de uma música, por exemplo, é algo mais do que somente suas notas. As notas são os dados e a melodia é a forma. Pela Gestalt, o ser humano não é meramente um recipiente passivo das qualidades da forma (eu diria, dados). O mundo fenomenal é organizado pelas necessidades do indivíduo. Propõe que o conceito de forma refere-se a um complexo unitário, uma unidade total do ato psíquico, sendo um fenômeno imediato à consciência. O todo tem qualidades próprias e não meramente a soma ou agregado das partes constituintes. Ainda para a Gestalt, "forma" implica configuração, estrutura, relação estrutural, o todo organizado e significativo. A Teoria da Gestalt, até hoje, é válida, sendo, aliás, uma corrente na esfera da psicologia.

Esse princípio dá sustentação à proposição que diz ser a informação algo mais do que seus dados, e ser estruturada na percepção do receptor. A informação não se encontra nos dados, mas na percepção da estrutura dos dados. Para se chegar a ela tem-se de, antes, dar forma aos dados, e é a lógica que faz isso. Além disso, Young (1987, p. 29) agrega que "toda informação é, em primeiro lugar, uma forma, pois é a integração de todos os dados pela percepção do recebedor". Prossegue Young (1987, p. 59): "Toda informação é um fluxo de forma que organiza o pensamento e reduz as incertezas. Isto ocorre porque é da natureza da informação conter energia que leva a ações". Ou, ainda, é uma forma que forma. Dito de outra maneira, a informação é, em si, uma forma (de dados), e ao mesmo tempo uma ação de dar forma.

Concorda com isso Oliveira (1992, p. 36):

> "A informação é o produto da análise dos dados existentes e (pesquisados), devidamente registrados, classificados, organizados, relacionados e interpretados dentro de um contexto para transmitir conhecimento e permitir tomada de decisão de forma otimizada e implementá-la."

Sendo acompanhado por Gee e Prusac (1994, p. 24): "As pessoas jamais recebem informações. Criam informações a partir de dados que recebem".

Pode-se deduzir que a informação, no sentido que lhe dá a Gestalt, é um ato psíquico em dois sentidos — é uma resultante de sensação e percepção dos dados e é a causa de uma ação do receptor. Os dados são a matéria — a potencialidade —, e a informação é a forma.

Outro artifício permitido para entender a explicação de informação pela Gestalt é vinculá-la à sinergia, isto é: "2 mais 2 é igual a 5". O todo é maior que as partes. Ver o todo facilita a compreensão das partes. Ao transportar esse princípio para a esfera da comunicação, deduz-se que a comunicação é um processo de troca de dados (como forma e como formação), levando a uma resultante, o significado comum entre a organização e seus públicos. A organização relevante tem de ser revestida de certa forma explícita às partes, envolvidas no processo de Relações Públicas.

Conclui-se que, do ponto de vista da Gestalt, a informação para a esfera de Relações Públicas deve ser entendida, antes de tudo, como elaboração da percepção do receptor. A informação está no receptor, e não nos dados. Deve ser entendida como a sintetização sinérgica de dados — a informação é mais do que a simples soma dos dados. Além disso, é da natureza da informação produzir energia, levando à ação o(s) receptor(es). Os dados são a matéria-prima e a informação, a forma. Dito de outro modo, a informação organiza.

Para justificar essa conclusão, podem-se, ainda, buscar na literatura da psicologia e da psiquiatria estudos sobre a compreensão das mensagens. Nessa instância, vejam-se em Davitz (1964) os vários estudos de como a percepção das pessoas com reações neuróticas e psicóticas altera o significado dos dados contidos em uma mensagem e diferencia-se da pessoa sem esses problemas.

Pode-se deduzir que a atividade de Relações Públicas não pode existir se não possuir uma forma (entenda-se por forma sua definição conceitual: "Relações Públicas é..."). O problema é que se propõem definições conceituais em excesso, sem verificar os dados, ou seja, sua definição operacional (a qual contém os dados). Há demasiadas formas de Relações Públicas, apesar de a matéria em todas elas ser a mesma. A definição operacional é a essência e a definição conceitual é a forma. A definição operacional é a matéria e a definição conceitual, a forma.

## O PROCESSO DE INFORMAÇÃO COM BASE NA PSICOLOGIA COGNITIVA

**E**ste título visa esclarecer, sinteticamente, a noção integral do processo cognitivo do qual resulta, ao final, a ação do ser humano. Ao mesmo tempo, abre espaço para falsear a premissa de que a informação se encontra no receptor, obtida após um processo psiconeurológico. Um caminho pode ser realizado por meio da psicologia cognitiva, entendendo-se por tal ciência o que afirma Gardner (2003, p. 19):

> "Defino a ciência cognitiva como um esforço contemporâneo, com fundamentação empírica, para responder questões epistemológicas de longa data — principalmente aquelas relativas à natureza do conhecimento, seus componentes, suas origens, seu desenvolvimento e seu emprego."

Outro modo de compreender essa ciência está contido na visão de Norman (1973, p. 16): "A cognição refere-se à atividade de aquisição, organização e uso do conhecimento". Duas outras pesquisadoras, De Jou e Sperb (2003, p. 160), acrescentam:

> "Ao considerar a mente do ser humano um sistema de processamento de informação, admite-se que a mente, além de cognitiva, é também computacional, o que significa que pensar é processar informação, manipulando símbolos através de uma sintaxe própria."

Essas características podem ser confirmadas ao analisarem-se as abordagens de pesquisa e estudo da cognição, que possui quatro vertentes, segundo Eysenck (2001, p. 37): (1) Psicologia Cognitiva Experimental, que estuda a cognição basicamente em laboratório; (2) Neuropsicologia Cognitiva, que enfoca o estudo nas lesões cerebrais; (3) Ciência Cognitiva, que, por sua vez, estuda o modelo computacional para compreender a cognição humana; e (4) Neurociência Cognitiva, que utiliza inúmeros instrumentos para estudar o funcionamento do cérebro, a fim conhecer os processos e as estruturas usadas na cognição.

Há um esquema que foi popular por mais de trinta anos e ainda permanece aceito. Explicita-se como uma corrente e seus elos, iniciando com a sensação e encerrando com a ação. Lachman, Lachman e Butterfield (1979) identificam seis passos do processo: estímulo, atenção, percepção, processos mentais, decisão e resposta ou ação. Norman (1973, p. 16) acrescenta ao *design* os elos: (1) informação; (2) troca de processos mentais por conhecimento; e (3) as memórias primária e secundária. Ao integrarem-se esses dois autores, tem-se um *design*, indicando o caminho dos dados captados pelos sentidos, interpretados pela percepção, e chegando à ação, conforme a Figura 1:

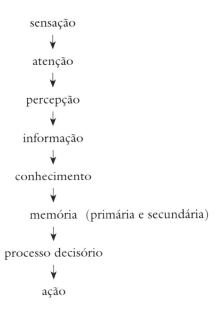

A informação, suas causas antecedentes e resultantes, subseqüentes, inicia-se na sensação humana, que, por sua vez, comporta dois enfoques: um, mais tradicional, compreende a visão, a audição, o tato, o paladar e o olfato; o outro, elaborado posteriormente, cujos sentidos, além dos anteriores, são o frio, o calor, a dor, a sinestesia e o equilíbrio.

Norman (1973, p. 16) relata que "o ser humano é um processador de informação verbal, dotada de significado". Talvez se pudesse dizer, "não somente de aspectos verbais, mas, também, de todos os outros estímulos que atingem a sensação humana". Contudo, o ser humano percebe, somente, parte dos sinais que capta, e isso sucede em razão do processo seletivo da atenção. Um dos aspectos seletivos é a capacidade liminar de cada um de seus órgãos de sentido. Demonstra isso a tradicional experiência realizada com dois grupos. O grupo controle, assistindo ao filme sem nenhum estímulo subliminar; e o grupo experimental, assistindo ao filme com um estímulo subliminar ao seu sentido de visão: "Coma pipoca". Na saída do cinema, ambos os grupos defrontavam-se com um quiosque vendendo pipoca. O grupo experimental apresentou maior compra de pipoca do que o grupo controle.

Assim, podem-se identificar na literatura científica desse tema vários aspectos bloqueadores dos sentidos, ou, como são conhecidos, "os porteiros", sendo um deles a ideologia. Seguem-se, sem significado de valor de precedência, o interesse e a atenção. O próximo elo da corrente é a atenção, definida por Norman (1973, p. 16) como "a capacidade do ser humano para extrair a mensagem que lhe interessa, entre as muitas que se lhes apresentam simultaneamente". A falta de atenção reduz o potencial sensitivo. A atenção se caracteriza como uma espécie de filtro. Vários são os fatores que levam a mais ou menos atenção, como interesse, privação, satisfação e necessidades.

Após a atenção, tem-se a percepção, que corresponde à tomada de consciência e interpretação dos dados ou das sensações. Wittig (1981, p. 57) afirma que "a percepção é a interpretação da informação". Partindo da premissa de que a informação é uma resultante da percepção, pode-se colocar que a percepção é a interpretação dos dados e não dos sentidos em si. A pessoa sente, mas interpreta os dados contidos na mensagem percebida. A percepção possui diversas correntes de estudo, defrontando-se com a incógnita da "caixa-preta": o que ocorre no cérebro para provocar a consciência e a transformação dos dados em informação? Ela ocorre tendo por suporte os interesses, a cultura, o passado, o estado de ânimo, as experiências das pessoas e, também, o estado psiconeurológico da pessoa. Ela não espelha exatamente a realidade, pois é subjetiva, dependendo de cada pessoa. Isso pode ser comprovado com o teste da Gestalt com a figura da "velha e da moça". Algumas pessoas vêem a moça; outras, a velha.

O próximo elo é a informação, resultante de toda a dinâmica do cérebro, trabalhando os dados sentidos e concluindo com a resposta à pergunta feita ou a redução da incerteza. Será tratada em capítulos posteriores. No entanto, fica implícita a informação como conhecimento potencial (McGarry, 1999, p. 30).

Segue-se o conhecimento, ou seja, a resultante da acumulação das informações obtidas pelas vivências, pelo conhecimento do senso comum e por métodos ou técnicas de pesquisa. Existem, ainda, outros tradicionais tipos de conhecimento, como o filosófico e o religioso. Todos interligados formam o conhecimento humano. Quando há conhecimento, não há informação, pois não há dúvidas, não há incertezas; logo, não há perguntas.

Revel (1991, p. 14) apresenta:

> "a distinção platônica entre opinião e ciência, ou melhor dizendo (ao meu ver), entre julgamento conjectural (*doxa*) e o conhecimento exato (*épistémê*). A diferença provém do fato de que o conhecimento exato se baseia nos objetos que se prestam a uma demonstração irrefutável, enquanto que a opinião age em domínios onde podemos apenas reunir um feixe de verossimilhanças."

O conhecimento fica armazenado em dois tipos de memória: a de curto e a de longo prazo. A primeira corresponde àquela memória que guarda pouca quantidade de informação ou conhecimento por curto espaço de tempo, enquanto a segunda, ao contrário, guarda muito conhecimento e por longo período de tempo.

Segue a tomada de decisão ou processo decisório, que se trata de um processo permanente, implicando incertezas. Segundo Moron (1998, p. 13), "as decisões são tomadas em resposta a algum problema a ser resolvido, alguma necessidade a ser satisfeita ou a algum objetivo a ser alcançado". A decisão envolve um processo de escolha que conduz à ação. Por fim, em termos de cognição deste capítulo, chega-se ao último elo do sistema: a ação. Tem-se, assim, teoricamente, toda a rota da cognição. O conhecimento desse processo facilita compreender o que ocorre na mente humana até a ação. Esse feito humano, aparentemente situado em termos físicos, possui outras explicações na psicologia, na sociologia e na filosofia. Cada uma dessas disciplinas busca compreender e explicar esse fenômeno dentro de seu paradigma. Há uma ciência da ação. A psicologia dedica-se ao conjunto das atividades pelas quais o organismo humano responde aos estímulos do meio em que vive. Para Ricoeur (1988), a sociologia — na verdade, as sociologias, dependendo de cada corrente e seus autores — basicamente se refere à relação entre o autor e o objeto de sua ação, ao sistema de tensões entre as inovações e as rupturas entre os componentes do sistema social, formando novas instituições ou novas sociedades. À filosofia cabem a ética e a moral, prescrições jurídicas em Relações Públicas. Tem-se a subordinação ao direito e à ética.

Como dito antes, aparentemente chegou-se ao fim do sistema do processo cognitivo. Porém, pode-se prosseguir com outras etapas, as quais se interligam com a atividade de Relações Públicas. Esse apêndice, agora colocado, refere-se ao discurso da ação, em que o ser humano diz o seu fazer, abstraindo-se do louvor e da censura pelos quais qualifica o seu fazer em termos de moralidade. Essa etapa integra-se aos preceitos de Relações Públicas, que dizem que Relações Públicas é realizar o melhor possível e, a seguir, relatar (comunicar) aos seus públicos. A análise dessa etapa encerra-se chamando a atenção para o fato de que, para descrever a ciência da ação, outro capítulo específico seria necessário. Além disso, permite acrescentar mais uma ação para as Relações Públicas: SER, FAZER e DIZER.

## INFORMAÇÃO NA TEORIA MATEMÁTICA DA COMUNICAÇÃO

O utra fonte parcial de significado e princípios de informação para aplicação em Relações Públicas encontra-se vinculada à Teoria Matemática da Comunicação. Essa teoria, elaborada por Shannon e Weaver (1975), ganhou destaque, em 1948, com a publicação do artigo de igual título e, desde aquela época, passou a constar em quase todas as obras sobre o tema. Contudo, como o próprio Shannon afirmou várias vezes, essa teoria teve início com Nyquist (1928, p. 617) e Hartley (1928, p. 535). O conceito de informação tinha um sentido antes de Shannon. Ele tomou o termo com apenas uma parte dos diferentes atributos que lhe pertenciam. A teoria de Shannon não se preocupa com a significação das mensagens.

A noção de informação, nessa área, é bastante específica, pois se trata de uma teoria de engenharia e estatística e, ademais, enfoca o aspecto quantitativo, sem nada a ver com a semântica. Nessa teoria, discutem-se problemas técnicos na comunicação eletrônica, visando à redução de custos na transmissão de sinais por esse meio.

O próprio Shannon (1975, p. 9) confirma isso: "Os aspectos semânticos de comunicação são irrelevantes para o problema de

# 50 ROBERTO PORTO SIMÕES

engenharia". A informação, na esfera da Teoria Matemática da Comunicação, refere-se à quantidade de *bits* necessários para se ter uma resposta, obtidos pelas alternativas SIM/NÃO em um universo de respostas possíveis em duas possibilidades exatamente iguais. Para Young (1987, p. 7), a palavra "informação", como usada na Teoria Matemática da Comunicação, difere de seu uso como conhecimento em vários aspectos, pois:

> "(1) nada tem a ver com significado. (2) não se refere a uma única mensagem, mas à probabilidade em um conjunto inteiro de possíveis mensagens. A quantidade de informação (*bits*) gerada varia de acordo com o tamanho da amostra — universo do qual foi selecionada. (3) a amostra deve ser entendida sem qualquer ambiguidade tanto pelo emissor como pelo receptor."

Na teoria de Shannon (1975), "informação é uma medida de incerteza ou entropia numa situação". Considerando que as alternativas de ocorrência de um fenômeno podem ser reduzidas a conjuntos binários de probabilidade (do tipo SIM/NÃO) ou de estado (do tipo LIGADO/DESLIGADO, PRESENTE/AUSENTE), surge, a cada instante, o mapa do quadro de incertezas ainda subsistente, após cada redução. Esse mapa expressa quantidades mensuráveis matematicamente, a partir da fórmula $H = Log\ 2^n$. O símbolo "H" (homenagem a Hartley) indica o número de *bits* (informações) em função logarítmica com o número de consultas necessárias para resolver um problema. Em outras palavras, o expoente "n" indica o número de dilemas a serem desenvolvidos, para que se constitua cada uma das unidades de informação.

A explicação e a compreensão dessas variáveis requerem caminho dedutivo, semelhante à demonstração de um teorema. Imagine-se uma pessoa respondendo a um teste de conhecimento, em um prazo de trinta minutos, referente a determinado assunto, cujas questões, em número de 32, são de múltipla escolha, com oito alternativas de respostas, identificadas pelas letras R1, R2, R3, R4, R5, R6, R7 e R8.

O delineamento dessa pesquisa compreenderia, entre outras, uma situação em que essa pessoa desconhece o assunto, porém possui noção do conceito. Verifica-se que o indivíduo, nessa situação, pode reduzir sua incerteza, em face dos oito dilemas, por meio de apenas três consultas, inteligentemente providenciadas. Se suas alternativas passassem a dezesseis, quantas consultas a mais seriam necessárias? Pela fórmula de Shannon, apenas mais uma. E se o conjunto comportasse unicamente quatro dilemas? O número de consultas reduzir-se-ia a duas. Dispondo-se esses dados em uma tabela, visualiza-se a relação existente entre a quantidade de consultas e a grandeza do conjunto de dilemas a serem resolvidos.

| GRANDEZA DO CONJUNTO (N) DE DILEMAS | CONSULTAS (P) |
|:---:|:---:|
| 0 | |
| 1 | |
| 4 | 2 |
| 8 | 3 |
| 16 | 4 |
| 32 | 6 |
| N | 2p |

Na obra de Shannon e Weaver (1975, p. 19), quem busca definir informação é Weaver: "Informação é uma medida de liberdade de escolha que temos no ato de selecionar uma mensagem". Isso significa que, se tivermos somente uma mensagem para escolher, não há informação (*bits*). Diante de duas ou mais mensagens, possui-se informação (dois ou mais *bits*). Prosseguindo nesse raciocínio, quanto maior o número de mensagens a serem enviadas, maior será o número de informações (*bits*).

Cada conjunto de dilemas, representado por N, é igual a 2 elevado a uma potência, cujo expoente coincide com o número de consultas necessário à solução do problema: essa solução se expressa em determinada série de *bits* (informações), produzida pelas sucessivas decisões tomadas pelo indivíduo que estava operando sobre a situação problemática. Assim, se $N = 2p$, num conjunto de dezesseis dilemas, o número mais econômico de perguntas a serem feitas corresponde ao expoente de 2 que permite a manutenção da igualdade proposta para os termos da fórmula, isto é, 4.

O problema, então, é o de quantificar, em qualquer conjuntura, o número de consultas a serem feitas para transformar a grande complexidade inicial do quadro de probabilidades em algo controlável de modo lógico. A identificação de P torna-se possível pela reversão da fórmula anterior, por meio da função logarítmica, pois essa, segundo Edwards (1971, p. 23), é a versão contrária ou a "função 'inversa' do expoente".

Donde: $H = \text{Log } 2^n$, e H representa a quantidade de informação (*bits*) obtida pelo logaritmo, na base 2, da quantidade de dilemas (N).

Considerando que Shannon usa duas matemáticas em sua teoria — a probabilidade e a função logarítmica —, talvez houvesse alguma lógica em designá-las como "as matemáticas da teoria da comunicação". Essa hipótese é levantada apenas com a intenção de caracterizar muito bem a criação de Shannon. Interessante, ainda, é o fato de que na história desse enfoque sobre informação é que Young (1987) fala na fórmula matemática de Shannon. Wiener não é citado em nenhuma das vezes que Young faz menção à fórmula.

Outro ponto que chama a atenção é que Shannon (Shanonn e Weaver, 1975) definiu ou explicou o termo "informação", por ele usado, apenas como "a redução da incerteza". Entenda-se por *incerteza* a quantidade de respostas possíveis de conhecer, apesar de se desconhecer qual delas é a verdadeira. É possível que alguém tenha complementado com a proposição "oferecida quando se obtêm respostas a uma pergunta". Essa dúvida fica para uma pesquisa *a posteriori* pelos interessados no tema.

Essa definição de informação, apesar das conotações quantitativas de sua origem e de sua utilização, ao fazer sua transposição para outras "escolas", enquadrou-se em várias áreas, principalmente quando conectada à idéia de tomada de decisão. Informação implica, assim, redução da incerteza, quando se obtém resposta a uma pergunta. Se, e somente se, a resposta a uma pergunta reduzir a incerteza do receptor.

Concluindo, extrai-se, dessa teoria, que a sua utilidade para Relações Públicas fica reduzida ao princípio de que *informação é a redução da incerteza* (Shannon) *oferecida quando se obtém resposta a uma pergunta.* Toda parte matemática é deixada de lado, aproveitando-se somente o que aceita os aspectos semânticos que contém. Quem sintetiza muito bem a definição e a natureza de Relações Públicas, nessa escola, é Goldratt (1991, p. 74), ao considerar: "A informação é a resposta à questão formulada". Contudo, caracterizar informação como redução da incerteza ou como resposta à pergunta refere-se mais a um aspecto de sua natureza do que propriamente à sua definição.

Crítica que se pode ainda fazer à teoria matemática aparecem em Zemam (1970, p. 157):

> "Informação não é um termo exclusivamente matemático, mas também filosófico, pois não está ligado apenas à quantidade, mas também à qualidade, que, aliás, tem conexão com ela. Portanto, não é apenas uma medida de organização, é também a organização em si, ligada ao princípio da ordem, isto é, ao organizado — considerado como resultado — e ao organizante — considerado como processo."

## INFORMAÇÃO COMO UM SISTEMA DE MASSA–ENERGIA

**A** visão de informação pode ser entendida e utilizada em Relações Públicas, também, por determinada óptica na linha limítrofe entre as ciências da natureza e as ciências sociais. Trata-se da junção da natureza da informação com o princípio de entropia, retirado da segunda lei da termodinâmica, formulada pelo físico e matemático Rudolf Clausius em 1850. Esse artifício de imigração para a área social enquadra-se perfeitamente no sistema social organização-públicos.

Dessa maneira, consegue explicar e integrar os conceitos de entropia e de informação, mais facilmente. Esse sistema "organização-públicos" está sujeito ao princípio da entropia, "tendência à morte". A entrada de informação no sistema provoca a negentropia. Novamente aqui, a informação organiza, por meio da redução da incerteza, mas também implica energia. Isso porque, de acordo com a ciência moderna, o universo é um sistema de massa–energia. Suas origens, seu destino e muitos outros de seus mecanismos internos permanecem desconhecidos, mas a natureza de todos os eventos e objetos é um requerimento *a priori* da visão científica.

No que se refere a eventos sociais, esses também implicam a entrada de energia no seu processo, impelindo o sistema para melhor nível de negentropia, pois o sistema é estimulado de determinada maneira, que não seria se não se fizesse o evento. A definição que vai ao encontro dessa proposição é a de Rüdiger (1998, p. 21): "Informação é todo sinal físico que introduzido em um dado sistema é capaz de reduzir o grau de entropia do mesmo".

Young (1987) baseia a sua teoria na premissa de que informação é forma estruturada por massa–energia. Sua premissa anterior é de que todo fenômeno, quer da natureza quer social, é resultado de um processo de forma de massa–energia. Young posiciona a sua afirmação com base na teoria de Newton. Expõe, então, que informação, como um conceito descritivo básico, encontra-se, dessa maneira, não somente nas teorias de comunicação, cibernética, computação, mas também nas áreas da física, química, biologia e, particularmente, na psicobiologia e nas neurociências. Acompanha essa idéia Morin (2002, p. 369), quando cita Boulding, por duas vezes: "A informação é a terceira dimensão básica, além da massa e energia". A informação parece reger matéria e energia.

Assim colocado, o que era visto como eventos abstratos — decisão, motivação — pode ser entendido como fluxo de forma de massa–energia. Por essa razão, Young propõe que se deveria buscar uma definição unificada de informação para todas as áreas, ponto de vista contrário ao de Yuexiao, para quem cada área do conhecimento pode ter a sua própria compreensão de informação.

Concluindo, dessa escola pode-se deduzir que, nos princípios dos sistemas físicos, químicos, biológicos, nervosos, moléculas, proteínas e excitação elétrica, se encontra informação, desde que se entenda a adaptabilidade do termo "entropia" à área social, fato que já é de uso corrente. O que os eventos têm em comum é que a informação que eles manipulam encontra-se em ondas, em amplitude, em comprimento, em freqüência. O processo de informação neural é uma atividade eletroquímica que depende das propriedades seletivas da membrana da célula. Para melhor entender esse fenômeno, implica elaborar pequena adaptação, colocando em uso o termo "estímulo".

# A NATUREZA OU CARACTERIZAÇÃO DA INFORMAÇÃO

**A**nalisando-se as quatro ópticas parciais do estudo da informação, vistas anteriormente, observa-se que nenhuma delas expressa uma definição precisa, baseada no princípio essencialista (X igual a Y se, e somente se, Y for igual a X). Diante desse problema, surge a proposta de Setzer (2001) que a justifica ao propor uma estratégia de, em lugar de definir informação, elaborar uma caracterização desse conceito. Diz ele: "Informação é uma abstração informal (isto é, não pode ser formalizada através de uma teoria lógica ou matemática) que está na mente de alguém, representando algo significativo para alguém" (ibidem, p. 5).

Esse autor acrescenta que o que se tem sobre informação não são definições, mas caracterizações do termo (a teoria da função organizacional política propõe o conceito de natureza). Diz que é interessante observar que nessas caracterizações não existe "teoria (formal) da informação": o que Claude Shannon desenvolveu foi, de fato, uma "teoria dos dados".

Ainda nesse texto, ao fazer uma análise de aproximações e distanciamento entre "dado", "informação", "conhecimento" e "competência", Setzer (2001) esclarece esses conceitos, caracterizando-os segundo um exercício de lógica. Veja-se:

> "Uma distinção fundamental entre dado e informação é que o primeiro é puramente sintático e o segundo contém necessariamente semântica. É puramente objetivo, não depende de seu usuário. A informação é objetiva — subjetiva no sentido que é descritiva de uma forma objetiva (textos, figuras etc.), mas seu significado é puramente subjetivo. O conhecimento é puramente subjetivo, cada um tem a vivência de algo de uma forma diferente."

Um dado, segundo Setzer, caracteriza-se como uma seqüência de símbolos quantificados ou quantificáveis. Ao passo que para Goldratt (1991, p. 3): "Dado é *qualquer gama de caracteres que descreva algo sobre a realidade*".

No que se refere à relação entre "dados", "informação" e "conhecimento", é esclarecedor o pensamento de McGarry (1999, p. 4), quando afirma: "Informação é a 'matéria-prima' da qual se extrai o conhecimento, assim como os dados são a matéria-prima a partir da qual estruturam-se ou baseiam-se as informações".

A informação pode ser prática ou teórica, respectivamente; o conhecimento é sempre prático. Introduzindo o conceito de competência, talvez para caracterizar bem a informação, Setzer diz que o conhecimento está associado com a pragmática, isto é, relaciona-se com alguma coisa existente no "mundo real", do qual se tem uma experiência real. Por sua vez, competência caracteriza-se como uma capacidade de executar tarefas no "mundo real". Está associada com a atividade física, exigindo conhecimento e habilidades pessoais. A competência só pode ser adquirida fazendo-se algo.

Aceita-se que a informação, em sua relação com os dados, se caracteriza por:

INFORMAÇÃO, INTELIGÊNCIA E UTOPIA **61**

a) *Novidade* – Os dados devem ser desconhecidos para o receptor. O que já é do conhecimento do receptor não implica mais informação e, quanto maior for o número de alternativas de escolha de respostas desconhecidas, de mais dados necessitará.

b) *Verdade* – Os dados devem ser fidedignos. Se não o forem, não implicarão informação. Se os dados estiverem circunstancialmente errados, não haverá informação. Entretanto, se estiverem intencionalmente errados, a fim de levar o receptor a decisões equivocadas, tem-se o fenômeno da desinformação. Consulte-se Durandin (1995).

c) *Significado* – A pergunta e a resposta à questão devem ser compreensíveis. Os dados devem possuir o mesmo significado tanto para o emissor quanto para o receptor. Se os dados estiverem codificados, quer por algum sistema de segurança quer apenas em linguagem diferente do receptor, não haverá informação.

d) *Redução da incerteza para a tomada de decisão* – A informação leva, a quem a obtiver, a tomar decisões mais corretas do que as daqueles que não a possuem. Por isso, diz-se, quem tem a informação tem o poder (de decidir corretamente ou influenciar a decisão de quem não a possui). Caso não seja para um processo decisório, não se trata de informação.

e) *Oportunidade* – Os dados devem chegar no momento prévio à decisão. Nada adianta obter a resposta tempos depois da decisão a ser tomada. Que adianta saber que determinadas ações caíram no mercado de valores, após ter ocorrido a queda?

f) *Dependência de cada receptor* – Por essa razão, talvez, os jornais tenham os seus assuntos classificados por seção. Em primeiro lugar, porque, se cada dia fossem colocados em setores diferentes, dificilmente se chegaria à informação. Em segundo, porque cada um dos leitores tem o seu interesse. Cada um busca sua seção: esporte, política etc., dominando seus conteúdos. Poucos são aqueles que lêem com profundidade todos os setores. Uma palestra de um cientista dificilmente será do interesse e terá significado para o leigo.

g) *Energia* – A informação implica energia. Leva o receptor à ação, quer seja de fórum íntimo, mudando uma atitude, quer seja tomando decisões e movimentos no seu espaço geográfico.

h) *Processo mental* – Somente ocorre informação se houver um processo mental de atenção do receptor para a sensação dos dados; a realização da análise dos dados; a interpretação deles; a percepção, que é a síntese; ou seja, a informação. A obtenção da informação depende desse processo. Se houver a deficiência de um deles, não ocorrerá a informação.

i) *Organização* – Informação implica, antes de tudo, organização dos dados pelo emissor. Para quem recebe os dados, a informação somente será percebida se esses possuírem algum tipo de organização. Imagine-se um amontoado de dados acumulados aleatoriamente. As bibliotecas contêm bancos de dados organizados. Como encontrar uma obra em uma biblioteca com dois milhões de livros? Num segundo momento, a informação organiza o receptor e seu raio de ação. Conforme ela vai sendo percebida, vai colocando em ordem as atitudes do receptor e, depois, suas decisões. Há um teorema a ser explicado: o que vem antes, a organização ou a informação? Aqui se apresenta, em outra dimensão, "o problema do ovo e da galinha".

j) *Controle* – Por meio da informação, consegue-se o controle da situação. A informação implica saber o que fazer, coordenar a ação dos outros e avaliar projetos em andamento. Sem informação, predomina o caos.

k) *Negentropia* – Ou seja, a entropia negativa. Ela impede a desorganização, o descontrole, trazendo a novidade, reduzindo a incerteza. Em síntese, havendo informação, são maiores as probabilidades de um organismo vivo ou social sobreviver.

Certamente poderão existir outros aspectos da natureza da informação. Aqui estão alguns obtidos da leitura de certos autores. A definição de informação talvez pudesse ser atingida se ocorresse a possibilidade de encontrar e analisar todas as suas caracterizações e sintetizá-las em uma definição. Mas, certamente, a informação não está na mensagem. A mensagem contém somente dados.

## CONCEITOS AFINS À INFORMAÇÃO

O utro ponto que merece breve comentário são os conceitos afinados com a informação. Esses conceitos são, muitas vezes, utilizados como sinônimos do termo "informação", mas possuem significados diferentes. Para isso, segue-se para outro processo dedutivo, discriminando informação dos termos afins. Mais uma vez, confronta-se com uma espinhosa missão. A pesquisa do significado desses termos sofre percalços. Não existe consenso sobre os significados, ou, até pior, não existem definições. Veja-se:

a) *Comunicação* – "Um processo de intercâmbio de informações e transmissão de significado." Essa é uma definição de Katz e Kahn (1967, p. 256). Acrescento: tendo como resultado o significado comum entre as partes. A comunicação possui dois componentes. Um se refere ao processo de troca de mensagens contendo dados; o outro, à resultante, isto é, a ação integradora. Assinalo que, como todo termo das ciências sociais, comunicação tem mais de uma dezena de definições, como demonstrou Dance (1973).

66  ROBERTO PORTO SIMÕES

b) *Mensagem* – Nas palavras de Bordanave (1983, p. 48): "É o conjunto organizado de signos de um ou mais códigos com um sentido, transmitido por um ou mais canais do emissor para o receptor". O princípio de que as mensagens seguem por canais diversos já é do senso comum desde que Shannon relatou seu esquema de comunicação à sociedade científica.

c) *Informe* – É encontrado na linguagem militar de Glass e Davidson (1956, p. 18) "Qualquer documento, fotografia, mapa, relatório ou observação relativo ao inimigo ou a uma conjuntura complexa, que pode contribuir para esclarecer uma situação". Análise do termo e seu uso identificam-no como sinônimo de dado, só que em outra linguagem.

d) *Notícia* – Confunde-se com mensagem. Lage (1998, p. 16) a define: "Relato de fatos ou acontecimentos, de interesse, relevância e significado para o público". Ao se fazer análise dessa definição, verifica-se que fatos e acontecimentos contêm dados com significado e interesse comum para o emissor e o receptor, e relevância para esse último, implicando alteração em sua estrutura.

e) *Matéria jornalística* – Lage (1986, p. 73) a define: "O que é publicado ou se destina a ser publicado na mídia". Observa-se que o termo pertence ao jornalismo, é específico dessa área. Pode ter ou não dados relevantes que levem ou não à informação. Isso dependerá do receptor.

f) *Fato* – Outro termo de compreensão controversa, definido como "acontecimento passível de ser observado ou coletado". A polêmica situa-se na razão de ser esse conceito, em si, o acontecimento ou a descrição do acontecimento.

g) *Código* – Segue-se esse conceito que, para Bordanave (1983, p. 53), significa "o conjunto organizado de signos, tais como idioma, alfabetos, sinalizações". Refere-se à estrutura dos dados.

h) *Signo* – Vinculado à Teoria da Semiótica, definida por Peirce (1975, p. 94), "Um signo, ou representamem, é algo que, sob certo aspecto ou de algum modo, representa alguma coisa para alguém". Poderia ser interpretado como a estrutura do dado.

Assim se encerra o discurso sobre informação e suas caracterizações. Trata-se, de agora em diante, de explicar Relações Públicas. A redundância que irá ocorrer, no texto que se segue, visa facilitar a compreensão dessa outra variável deste tratado.

# O SIGNIFICADO DE RELAÇÕES PÚBLICAS

Conforme Pirie (1988), toda disciplina científica possui um processo e um programa. Entenda-se por processo a dinâmica que ocorre no sistema do *corpus* de estudo da disciplina. No caso de Relações Públicas, refere-se ao processo, implicando a estrutura — componentes e dinâmica — existente no sistema de relacionamento entre a organização e seus públicos. O programa, por sua vez, caracteriza-se pelas ações de intervenção no processo. Confunde-se com a definição operacional da atividade. Para o significado de definição operacional, ver Bridgman (1927).

Para ensinar e exercer uma atividade que não seja artesanal necessita-se de uma teoria, ou seja, de um conjunto sistêmico de conceitos, definições e princípios que permitam compreender o que está ocorrendo no processo, a fim de saber por que e como nele intervir. Professores e profissionais, ao atuarem sem referencial teórico, podem incorrer em pecado técnico e ético.

Assim é que Relações Públicas, antes de tudo, como processo que ocorre entre a organização e seus públicos e como programa efetuado pela atividade profissional em si, necessita de uma rede teórica para cumprir cientificamente sua missão. Esse é o propósito da rede teórica, designada por função organizacional política. Essa rede teórica tem o seu início caracterizando dois olhares sobre Relações Públicas. O primeiro é de que existe um processo de relacionamento político entre as organizações e seus públicos. Essa relação, no contexto de pessoa com pessoa, grupos com grupos, equipara-se a Relações Humanas; no âmbito de partidos e de organizações governamentais com os cidadãos, enquadra-se em Relações Governamentais e, por fim, em Relações Internacionais, no âmbito de países com países. Cada um desses tipos de relacionamento encontra-se em determinada dimensão sociocultural, econômica, política, ideológica, histórica, jurídica e filosófica. As Relações Públicas enquadram-se em todas elas, porém em dimensão micropolítica.

O segundo olhar refere-se ao programa — a intervenção no processo. O programa compreende as funções de:

- pesquisar a estrutura componente e a dinâmica do sistema organização-públicos, a fim de saber de seu *status quo*;
- diagnosticar o estado da relação organização-públicos;
- prognosticar o estado dessa relação;
- assessorar os líderes organizacionais sobre as políticas a serem mantidas ou implantadas pela organização, que venham a manter ou alterar o *status quo* da relação;
- implementar programas de comunicação cujas mensagens contenham dados que, elaborados pelos receptores, levem-nos a informações que venham a esclarecer e/ou justificar a ação organizacional;
- avaliar os resultados da implementação para verificar se ocorre como o desejado;
- controlar o programa, para que não escape dos objetivos traçados.

Os textos sobre Relações Públicas apresentavam e ainda apresentam definições conceituais encharcadas do *background* teórico ou prático dos autores que aportaram em Relações Públicas: jornalistas, administradores, psicólogos, advogados, economistas, entre outros. Cada um deles, com linguagens e práticas específicas, adicionaram suas definições às existentes na bibliografia sobre o tema. Daí a Babel na elaboração de uma definição conceitual. Não existe um axioma do qual se possa iniciar um processo dedutivo único. Ocorre exatamente o contrário. Evitar cair nessa esparrela implica o artifício de inverter o caminho para definir Relações Públicas. Iniciar pela definição operacional e, dela, como premissa, definir conceitualmente Relações Públicas. Eis, então, o que ocorre.

# O *FAZER* DE RELAÇÕES PÚBLICAS

**A** comunidade mundial de professores e profissionais praticantes, que lida com essa atividade, possui o quase consenso de que o ensino e o exercício profissional de Relações Públicas compreendem as seguintes funções, anteriormente citadas, agora mais explicitadas:

1. *Pesquisar* constantemente o processo do sistema organização-públicos, buscando, antes de tudo, saber o que é, fez, faz e pretende fazer a organização. A seguir, relacionar os públicos com os quais a organização possui intercâmbios de interesses, suas expectativas e suas opiniões, verificando se eles estão satisfeitos ou não com a ação organizacional e as probabilidades de quanto eles poderão interferir na missão organizacional. Identificar, também, os canais de comunicação formadores do sistema organização-públicos. Selecionar, entre os públicos relacionados, aqueles que, distinguindo-se dos demais, em determinadas conjunturas e cenários, possuem algum tipo de interesse e poder que possam vir a prejudicar ou facilitar fortemente a missão organizacional.

Dá-se a eles o designativo de *stakeholders*, ou públicos estratégicos.

*Observe-se que essa função refere-se explicitamente à informação por meio da busca de dados, extraindo deles as respostas às perguntas que a atividade faz para saber do nível de relacionamento entre a organização e seus públicos. A atividade de Relações Públicas inicia-se com incertezas e busca respostas para reduzi-las e poder decidir adequadamente. Ora, esse princípio relaciona-se com o exercício de poder entre a organização e seus públicos.*

2. *Diagnosticar*, após pesquisar, tendo em mãos dados relevantes e os transformados em informações. Cabe às Relações Públicas deduzir em que estado se encontra a relação poder/comunicação entre as organizações e seus agentes com influência e os segmentos deles. O diagnóstico implica conhecer a realidade na qual se pretende atuar, e refletir sobre ela. Além disso, para o diagnóstico é necessário conhecer o que ocorre no sistema maior em que está inserto o sistema organização-públicos. Para isso, deve ser feita uma análise das conjunturas, local, estadual e internacional, dependendo do tamanho da organização. É aceitável caracterizar o diagnóstico como a informação necessária para o discernimento.

*Para o diagnóstico, a atividade de Relações Públicas necessita de dados significativos que digam sobre o contexto do sistema organização-públicos, o poder dos públicos, as expectativas e opiniões dos públicos, os interesses dos reflexos das políticas organizacionais perante os públicos. Interpretando todos esses dados, a atividade chega ao diagnóstico, isto é, à informação. O diagnóstico pode ser a informação, pois se trata da síntese de todos os dados obtidos por meio de diversos métodos de pesquisa. O diag-*

*nóstico diz o que e por que está ocorrendo o fenômeno, desde que a percepção do profissional esteja certa.*

3. **Prognosticar** o futuro da relação, levantando hipóteses, consubstanciadas no diagnóstico dos desenhos de cenários futuros do que poderá ocorrer ou não ocorrer, se alguma ou nenhuma ação for realizada, a fim de evitar ou solucionar impasses iminentes. O prognóstico tem muito de possibilidades e probabilidades de ações de ambas as partes do sistema. Jamais é algo totalmente intuitivo. Ao contrário, trata-se de um estudo realístico da dinâmica do processo de Relações Públicas.

   *Além disso, para prognosticar, a atividade necessita ter a visão do mundo que acontece e do que é pouco provável, provável ou muito provável que virá a acontecer. Tem-se novamente aqui o problema da incerteza. Se tal ocorre, urge buscar dados e deles extrair a informação.*

4. **Assessorar** as lideranças organizacionais sobre as políticas e normas administrativas atuais e futuras que estão ou poderão ser implantadas e afetem, positiva ou negativamente, os interesses dos públicos. Cabe explicitar que o assessoramento não se refere, ainda, a projetos comunicacionais, mas somente aos programas de ações organizacionais. Toda decisão, e colocação em prática em normas organizacionais, "agrada a gregos e desagrada a troianos", podendo gerar impasses — ou seja, conflitos — na relação. Por isso, toda informação e negociação, na óptica de Relações Públicas, deve ser tratada na visão da micropolítica, envolvendo os agentes com influência e seus segmentos isoladamente, jamais com todos ao mesmo tempo.

   *Para assessorar os dirigentes, o diagnóstico e o prognóstico da situação devem estar com o mínimo possível de incerteza, fenô-*

*meno de difícil controle. Daí porque toda decisão é, em menor ou maior grau, uma decisão de risco. Veja-se, além disso, o íntimo vínculo com o exercício do poder, pois os pareceres às lideranças organizacionais são sobre as políticas e normas administrativas.*

5. *Implementar programas planejados de comunicação* que possam:

(1) aproximar as partes;
(2) explicar e/ou justificar as ações organizacionais; e
(3) alterar os eventos naturais do processo de Relações Públicas.

Nesse momento é que a atividade de Relações Públicas tem a sua ação mais explicitada e de conhecimento geral. Os não-iniciados no tema imaginam que seja somente isso. O planejamento, cuja resultante material é o plano, leva em conta os problemas e propõe projetos específicos a cada um ou somente a alguns projetos que venham a resolver o máximo possível de problemas. O plano de Relações Públicas deve ser econômico em ações, em técnicas e financeiramente. Deve conter as melhores alternativas para os recursos escassos.

*Para a ação de implementar programas de comunicação, a atividade deve ser capaz de, antes de tudo, escolher o canal, o tipo de instrumento que deverá conter a mensagem de acordo com o que deseja atingir. Novamente está diante de um problema de incerteza, portanto necessita de informação que responda quais os dados, quais os significados, qual o instrumento que interpretados poderão fazer que, de fato, ocorra a informação na cognição do receptor.*

6. *Avaliar e controlar* constantemente o impacto das ações organizacionais e dos projetos de comunicação, implantados no

sistema poder/comunicação entre a organização e seus públicos. A avaliação tem o objetivo de buscar informações, a fim de controlar a situação. A retroalimentação, por informações, permite saber se o relacionamento está adequado ou se é necessário implementar modificações no plano de Relações Públicas ou nas políticas organizacionais.

*Por tratar-se de uma função básica administrativa que não pode ser esquecida, destaco o termo (e a ação que ele implica) "controle". Ambos os conceitos se complementam e ambos necessitam de informação. Informação, para saber se as ações caminham como se esperava e informação para decidir o que fazer para evitar o descontrole do projeto. Dando suporte a esse princípio, tem-se Wiener (1985, p. 211): "Qualquer organismo mantém sua coerência de ação à mercê da posse de meios para a aquisição, uso, retenção e transmissão de informação".*

Ora, para realizar todas essas ações, a atividade de Relações Públicas necessita manter um sistema de pesquisa de dupla mão, buscando e enviando dados que, analisados, levem à informação para reduzir as suas incertezas na gestão do processo político no sistema organização-públicos. Isso posto e tido como premissas para o processo dedutivo, chega-se ao momento de explicitar a definição conceitual de Relações Públicas, ou seja, o que é essa atividade.

# O *SER* DA ATIVIDADE DE RELAÇÕES PÚBLICAS — SUA DEFINIÇÃO CONCEITUAL

À leitura das funções do programa de Relações Públicas, ou seja, a sua definição operacional, observam-se as ações de pesquisar, diagnosticar, prognosticar, planejar, assessorar, executar, avaliar e controlar. Esses verbos indicam que essa atividade refere-se à gestão de algum processo constante nas organizações. São as funções administrativas. Logo, essa é uma atividade administrativa presente nas funções organizacionais de Produção, Pesquisa e Desenvolvimento, Marketing, Financeira e Recursos Humanos. Cada uma delas tem seu objeto de gestão, com a finalidade de manter a organização existindo no mercado.

Por outro enfoque, analisando o conteúdo de cada função da atividade, encontram-se os seguintes conceitos: relacionamento, interesses, opinião, influência, informação, processo decisório, normas, políticas, negociação e controle. Todos esses conceitos estão vinculados à teoria e à prática da ciência política. Arendt (1998) afirma que política se refere à pluralidade, na sociedade, de tribos e de seus interesses, quase sempre conflitantes. A harmonia, a ser alcançada, seria por meio de exercícios de interesse.

Na dimensão e na linguagem de Relações Públicas, talvez pudesse ser dito: de negociação e troca de informações.

Significa também os conhecimentos e as práticas de governo, conhecimentos e práticas da relação de poder em qualquer situação em que existirem dois ou mais elementos em interação com processo decisório envolvido, na busca da organização dessa interação.

Essa função, implicando sua gestão, enquadra-se, portanto, em sua essência na área da política e, em sua aparência, na esfera da comunicação. A atividade de Relações Públicas é uma atividade profissional que maneja a relação de poder no sistema organização-públicos, utilizando, para isso, meios de comunicação. A razão básica, a essência é o exercício de poder, a aparência; a forma é a comunicação.

O objetivo final da realização de todas essas funções e ações é a harmonia na sociedade organização-públicos. Contudo, o caminho para alcançar esse objetivo passa pelo atingir metas mais específicas, tais como obter a boa vontade, a boa imagem, a opinião favorável, o mito dos seus heróis e suas realizações, e a cooperação dos participantes, pois sem atitudes favoráveis aos interesses e às expectativas de ambos não se chega à harmonia. Alguns autores colocam essas metas secundárias como principais.

Como pretendia demonstrar, a atividade de Relações Públicas é a gestão da função organizacional política.

## UM EXEMPLO PRÁTICO

Quadro 1 – As incertezas e necessidades de informações

| AS FUNÇÕES | AS INCERTEZAS | OS INSTRUMENTOS |
|---|---|---|
| 1. Obter o trabalho | Onde há oportunidades? | *Network*, anúncios |
| 2. Realizar *briefing* com dirigente | O que esperam de mim? Alguém pode me apresentar? | Preparar a entrevista Consultar *network* |

(continuação)

| AS FUNÇÕES | AS INCERTEZAS | OS INSTRUMENTOS |
|---|---|---|
| 3. Conhecer a organização | Como é a organização? Histórico? Estrutura? | Entrevistar Análise documental |
| 4. Conhecer os públicos | Quais são os públicos? Interesses? Expectativas? | Relacionar Entrevistar |
| 5. Diagnosticar a dinâmica do sistema | Quais os problemas? Quais os conflitos e crises? | Analisar a conjuntura |
| 6. Prognosticar o futuro do sistema | O que poderá ocorrer em curto e médio prazos? | Programar cenários |
| 7. Assessorar os líderes | Que políticas e normas sugerir? Qual a AÇÃO? | Identificar boatos e conflitos |
| 8. Implementar o programa de RRPP | Os projetos vão ao encontro dos problemas? O que dizer? Qual o DISCURSO? | Elaborar projetos em correlação direta com os problemas |
| 9. Negociar o plano com o dirigente | O que pedir? O que conceder? | Ter em mente projetos essenciais |
| 10. Implantar os projetos | Quem irá implantar? Quais os recursos? Quais os obstáculos? | Ter equipe de trabalho Ter orçamento prévio |
| 11. Controlar o plano | O programa está no ritmo desejado? | Realizar reuniões de *follow up* |
| 12. Avaliar os resultados | Atingiu-se os objetivos? As políticas e os discursos eliminaram os problemas? | Elaborar instrumentos de avaliação e relatório |

O Quadro 1 tem por objetivo dar, em primeiro lugar, a visão geral das relações entre as funções da atividade de Relações Públicas, registradas na coluna à esquerda, com algumas incertezas sobre suas realizações, localizadas na coluna central, e dessas duas variáveis com o papel de certas técnicas de pesquisa, constantes na coluna à direita, utilizadas na busca de dados cuja análise e percepção levem à informação. Esse processo, assim ocorrendo, leva à redução das incertezas e à realização eficaz das funções. Em segundo lugar, mas não menos relevante, visa tornar explícitos a necessidade de informação e o papel das técnicas de pesquisas para a realização da atividade.

Compreende-se o conteúdo do Quadro realizando-se uma leitura horizontal da esquerda para a direita e de cima para baixo. Na primeira linha têm-se os termos "funções", "incertezas" e "instrumentos". A compreensão do Quadro 1 fica melhor ainda realizando-se uma leitura mais completa de cada uma das etapas. Veja-se, iniciando-se pela linha 1.

*Linha 1* – A primeira ação da atividade é obter o espaço de trabalho. Para isso, a sua incerteza principal é: onde há a possibilidade para a atividade de Relações Públicas? Certamente que há outras, tais como: Quanto pagam? Quais as possibilidades de avanço profissional? Em que posto no organograma organizacional está localizada? E outras tantas mais. Após a elaboração do rol de incertezas, vai-se às respostas a elas. A ação que possibilita atingir essa meta é a pesquisa. Então, utiliza-se o acervo de técnicas de pesquisa, localizadas no patrimônio de cada um e de outras que se possam obter. Duas se apresentam de imediato: o *network* e a leitura de anúncios na mídia. Outras existirão, para obter dados sobre as possibilidades de espaço de trabalho.

*Linha 2* – O contato com a organização identificada. Agora é o momento de se defrontar com o dirigente, seja ele o diretor, o gerente ou o selecionador. Apresentam-se as incertezas: o que esperam da atividade, personalizada na minha pessoa? Como chegar para colocar a atividade no seio do processo administrativo organizacional? Alguém poderia fazer a apresentação, dizer das vantagens da atividade? Irão solicitar *curriculum vitae* de quem operacionaliza a atividade? Alguém poderia dar algum subsídio? Novamente as técnicas de *network*, a preparação da entrevista, a negociação a ser realizada poderão oferecer dados para a decisão mais adequada.

*Linha 3* – Conhecer a organização. Após ter passado pelo processo de seleção e ser escolhido, cabe ao profissional exercer, de fato, suas atribuições. A primeira delas é conhecer a organização. Tudo é incerteza. Qual é o ramo da economia? Qual sua estrutura? Familiar ou não? Grande, média ou pequena? Qual seu histórico? Como reduzir essas incertezas? Aqui entram diversas técnicas de busca de dados: entrevistas, leitura de documentos e outras.

*Linha 4* – Conhecer os públicos. Essa função é bem mais complexa, pois a maioria dos públicos encontra-se além das fronteiras da organização. Torna-se mais difícil identificá-los e contatá-los. As dúvidas, entre outras, são: quais são os públicos? Quais são os seus interesses e suas expectativas? Dentre eles, quais são os que poderão se caracterizar como públicos estratégicos? A solução para essas dúvidas compreende atenção aguçada durante o processo de conhecimento da organização, ao entrevistar seus membros, perguntar com quem eles se relacionam funcionalmente. Seguem-se, após o contato, a entrevista e outras técnicas.

*Linha 5* – Conhecidos a organização e os públicos, chega o momento de diagnosticar a dinâmica do sistema organização-públicos. As inquietudes são: quais são os problemas? Quais os possíveis e prováveis conflitos? Quais as probabilidades de crise? Há entropia no sistema ou ele está em processo negentrópico? A técnica de análise de conteúdo de todos os dados obtidos e supostos implica, também, fazer análise de conjuntura, pois esse sistema está inserto em um sistema maior que é a sociedade com toda sua dinâmica sociocultural-econômico-política.

*Linha 6* – Prognosticar o futuro do sistema organização-públicos. Para isso, a questão referente à incerteza poderia ser reduzida a uma única: Que poderá ocorrer em curto, médio e longo prazos se nada for feito? E se for feito? Então, é útil a realização de um planejamento de cenários. As técnicas de análise da conjuntura e do planejamento de cenários constam da técnica de diagnóstico e prognóstico. Há a probabilidade de que, quando a comunidade (profissionais, professores e alunos) da área enfocar seu trabalho, considerando a relevância dessas duas variáveis, Relações Públicas atingirá um pedestal superior de profissionalismo.

*Linha 7* – Assessorar os líderes organizacionais. Essa etapa refere-se essencialmente às ações administrativas que venham a legitimar decisões organizacionais, evitando frustrações nos públicos e, assim, solucionando ou evitando conflito. Aqui é o local das ações administrativas. O discurso, ou seja, o programa da comunicação, situa-se após essa etapa. A incerteza basicamente é: que políticas e normas administrativas poderão ser sugeridas para evitar ou solucionar conflitos? São elas viáveis e exeqüíveis? São setoriais ou globais, abarcando toda a organização? Com que público estratégico implica a negociação? Evitar negociar com todos ao mesmo tempo. Se isso ocorrer, prejudicará o processo de comunicação e a solução dos problemas. É mais adequado, levando a melhores resultados, "bater por partes", negociando ou informando com cada público isoladamente, como prescreve a teoria da micropolítica.

*Linha 8* – Implementar o programa de comunicação. As dúvidas são: vão os projetos ao encontro dos problemas? Que projetos elaborar? Como relacionar os projetos aos problemas? Uma maneira de reduzir as incertezas é listar os problemas e verificar que projetos podem ser executados em razão de aporte financeiro. Verificar qual projeto resolve o máximo de problemas. É bom lembrar que cada situação requer um tipo de "vitamina ou de remédio". O médico não receita o mesmo remédio a todos os seus clientes.

*Linha 9* – Negociar o plano com o dirigente. Essa etapa tanto pode ser uma função como também uma solução parcial para a implantação dos projetos. A negociação do plano com a autoridade máxima da organização, de uma única vez, economiza tempo futuro e forma a noção do que poderá ou não ser realizado, pois fica conhecido o ponto de vista do diretor, e ele, por sua vez, toma conhecimento do que é pretendido e o integra na sua visão geral da administração da organização. Observe-se que aqui há uma diferença entre implementação e implantação. Por implementação entende-se todo o trabalho de organização da ação administrativa do trabalho de Relações Públicas; ao passo que implantação se refere somente à colocação do plano em ação. O termo "implementação" engloba o termo "implantação".

*Linha 10* – Implantar o plano. Entende-se por plano o documento resultante do planejamento, constando de tantos projetos quantos necessários e dependentes dos recursos existentes. As incertezas são: quem será o responsável? Estarão os recursos à disposição? Quais os obstáculos a enfrentar? Que decisões deduzidas terão de ser colocadas em prática? O artifício para reduzir essas incertezas é, basicamente, a análise constante do processo.

*Linha 11* – Controlar o plano. Estando o plano em execução, as questões que vêm à mente são: está a execução no ritmo desejado? Há algum projeto que deva ser deixado de lado em razão da solução do problema ao qual estava vinculado? Há outro projeto que deva ser colocado em prática em razão de ter surgido um novo problema? Essas inquietudes ou incertezas são minimizadas por meio de *follow-ups* periódicos.

*Linha 12* – Avaliar os resultados. Essa função parece ser o nó górdio da atividade de Relações Públicas. Rara é a documentação que fala sobre esse ponto. Daí que as incertezas são inquietantes. Contudo, colocam-se as seguintes perguntas: os objetivos foram atingidos? O plano foi cumprido? Os projetos foram adequados? As políticas sugeridas foram colocadas em prática e deram resultados? As políticas eliminaram os problemas? A maneira de responder a essas incertezas encontra-se no estabelecimento de critérios de avaliação, elaborados no planejamento, colocados no plano e revisitados freqüentemente nos *follow-ups*. Realizar o relatório implica uma maneira de prestar contas do realizado e de ter um documento, registrando o histórico da ação e do discurso de Relações Públicas.

Este texto é um artifício para demonstrar o quanto a atividade de Relações Públicas — como quase todas que se referem a um nível de administração — está condicionada a resolver inúmeras incertezas. Sendo assim, a necessidade de informação está no seu âmago. Os exemplos, aqui, não esgotam as incertezas, as técnicas de busca de dados e a transformação deles em informação.

# ALGUNS EXERCÍCIOS PRÁTICOS

Estes exercícios pretendem colocar em teste os conhecimentos teóricos e suas abstrações sobre informação. São apresentados os exercícios e, em seguida, uma interpretação deles. Analise o texto e veja se é possível identificar alguns dos componentes da natureza da informação e a própria informação: os dados, a fonte, o receptor, a redução da incerteza, a oportunidade, a energia, o controle, a novidade, a desinformação e a informação. Veja como o exercício de inteligência está embutido em cada um dos exemplos.

## Exercício 1

Uma pessoa vai sair para o trabalho. Olha pela janela. O tempo está feio. Ela liga a TV e consulta o serviço de meteorologia que informa prováveis chuvas. Então, decide levar o guarda-chuva.

*Análise* – O receptor, isto é, a pessoa que vai sair, recebe uma mensagem, ao olhar a rua, contendo um dado: o tempo está feio. Contudo, permanece sua incerteza. Então, consulta outra fonte de dados: o serviço de meteorologia da TV, que lhe confirma o dado anterior. Isso o leva à decisão e à ação de pegar o guarda-chuva. Percebe-se que a análise dos dados o leva à informação de que irá chover, produzindo energia e levando a determinado comportamento.

## Exercício 2

Um colunista de jornal, bastante lido, escreve uma crônica, utilizando-se da ironia. Em seguida, recebe inúmeros e-mails e telefonemas criticando-o por defender um costume não-aceito pela sociedade.

*Análise* – A fonte é o cronista, o canal é o jornal. Os receptores são os leitores, a mensagem consta no artigo, mas não há informação para os que reclamaram do conteúdo do artigo, pois esses não compreenderam a linguagem da ironia. Tampouco ocorreu desinformação, pois não havia intenção do colunista em provocar decisões erradas.

## Exercício 3

Uma pessoa vai ao supermercado com R$ 20. Ela tem dúvida do que comprar com a quantia que traz consigo. Faz uma pesquisa, procurando as ofertas para comprar o máximo possível com a quantia que tem em mãos. Pega o encarte das ofertas da semana. Faz a análise e decide comprar: carne moída (R$ 4), um litro de leite (R$ 2), duas barras de chocolate (R$ 4), xampu e condicionador (R$ 9), uma garrafa de guaraná (R$ 1) e pão (R$ 1), totalizando, dessa maneira, os R$ 20.

*Análise* – Tem-se, nesse caso, a incerteza para uma tomada de decisão: a pessoa não sabe o que comprar com a quantia que possui. Faz uma pesquisa buscando dados e os analisa. Os dados estão contidos no encarte de oferta, que é a mensagem. Essa chega até a percepção da pessoa, que, analisando os dados, percebe o que pode comprar. Então, toma a decisão e leva exatamente o que a quantia permite. A informação é obtida após a análise dos dados e a síntese em sua percepção.

## Exercício 4

Um aluno não estudou para a prova, mas, mesmo assim, vai à escola para realizá-la. Estrategicamente, senta-se ao lado do amigo mais estudioso e, no decorrer da prova, pede insistentemente as respostas das questões. O amigo estudioso, irritado, fornece as respostas erradas.

*Análise* – Eis um caso de desinformação. A incerteza está no aluno que não estudou. Logo, não tem conhecimento para responder às questões. Os dados estão na resposta que o aluno estudioso envia para o aluno fraudador. Contudo, os dados estão intencionalmente errados. Certamente que provocarão energia no fraudador e ele assinalará na folha de respostas. Nesse caso, não haverá a análise de inteligência. Sua percepção também estará prejudicada. Sua decisão é discordante das respostas corretas.

## Exercício 5

Um profissional de Relações Públicas está programando uma solenidade e recebe ameaças de um grupo dito terrorista de, caso ocorra a programação, sabotá-la. Esse profissional, imediatamente, busca serviços de inteligência e lhe é dito que não se trata de terrorismo, mas de extorsão, e que é improvável qualquer ação perigosa do grupo. O profissional informa à direção e ambos concordam em realizar a solenidade. Ela acontece e nada ocorre.

**90** ROBERTO PORTO SIMÕES

*Análise* – O profissional apresenta incerteza quanto a realizar o evento. Vai consultar o pessoal de inteligência do governo, que já efetuou a análise do fato por estar envolvido com esse tipo de situação. Então, a informação coincide com a própria resposta do serviço do governo.

### Exercício 6

Na Segunda Guerra Mundial, durante o inverno, em território russo, com muita neve, um oficial do exército húngaro, com seu pelotão que estava incorporado ao exército alemão, se viu perdido no meio de uma floresta. Vislumbrou uma clareira e para lá se dirigiu com o seu pelotão. Ao chegar ao local, percebeu que, do outro lado, um tenente russo, também com seu pelotão, o observava. Alguns dos seus homens, já com o moral abatido por desconhecer os seus destinos e com seus minutos contados, começaram a cair de joelhos, a vomitar e ter alucinações, fenômeno comum na guerra. O tenente húngaro gritou com seus homens e colocou-os em pé. Nesse momento, percebeu que o pelotão russo permaneceu imóvel no seu local. Levantou a hipótese de que talvez o tenente russo também estivesse perdido e, como falava russo, resolveu ir falar com ele. Ao chegar perto do inimigo, escutou a seguinte pergunta: "Onde estamos?" O húngaro respondeu: "Eu também não sei, mas penso que nós dois poderíamos descobrir". Abriram os mapas, localizaram a floresta, identificaram a região, as estradas, suas posições e, portanto, onde estavam e para onde poderiam ir. Cada um virou-se para seu pelotão e, sem dizer nada, seguiram seu caminho sem combater.

*Análise* – Observem-se, nesse caso mais complexo (ou extenso), quase todas as características do processo de informação. Em primeiro lugar, a incerteza dos dois oficiais. Estavam perdidos. A questão ou pergunta era: onde estamos? O oficial húngaro, fazendo uma análise da situação, levanta a hipótese de que o oficial russo também estaria na mesma situação que ele. Há um fator que facilita a busca dos dados para chegar à informação. Ambos falam russo. O código é o mesmo. Ocorre, então, um processo de comunicação para a troca de conhecimento e dados. Após a análise inteligente dos dados que se encontravam nos mapas, ambos os oficiais chegam à resposta: "Estamos aqui". Feito isso, ocorre a energia que faz que cada um siga seu caminho, sem lutar.

# RELAÇÕES PÚBLICAS E SERVIÇO DE INTELIGÊNCIA — UMA OPORTUNIDADE

O ser humano esteve, está e, certamente, estará sufocado por incertezas nas decisões a tomar. Por extensão, encontram-se na mesma situação as organizações e os países. Nesse mundo de incertezas, o ser humano busca dados que o levem à informação e daí às decisões eficazes. Esse fato faz pensar em como obter esses dados. A solução é encontrada no que se designa por Serviço de Inteligência.

Histórias não-éticas de organizações designadas como de informação muito têm prejudicado a compreensão do que significam, de fato, essas organizações. Além das fantasias, ou em razão delas, ocorrem comentários sobre a malignidade das organizações, relacionando-as a órgãos de ditaduras, sejam de direita sejam de esquerda. Ou, ainda, de organizações preocupadas somente com seus interesses, de maneira antiética. Quando no dia-a-dia as organizações estão em busca de dados que lhes permitam melhores decisões, o que dizer de Ouvidorias?

É possível, e até indicado, esclarecer esses fatos a fim de remover tabus, e daí a utilização racional do que venham a ser os Serviços de Informação, ou, mais precisamente, os Serviços de Inteligência.

Costuma-se dizer que os Serviços de Inteligência não deveriam existir, pois vão além do grau de constitucionalidade desses serviços, e que seus trabalhos não são transparentes ao país. Ironizando, seria dizer que os mundos dos países e das organizações são tranqüilos. Não estão sujeitos a nenhum tipo de crise ou convulsão social. Proposições realistas dirão exatamente o contrário. Leia-se a mídia diariamente; essa testemunhará que o mundo se caracteriza por conflitos e convulsões sociais. Os governantes, quaisquer que sejam os sistemas políticos de seus países, necessitam saber do que ocorre e do que poderá ocorrer na conjuntura, e contar com alternativas para as suas tomadas de decisão, evitando que ocorra o caos.

No Brasil, há referências ao Serviço de Informação desde 1927. Contudo, foi somente em 1990 que foi extinto o Serviço Nacional de Informação (SNI) e criada a Subsecretaria de Inteligência. A passagem do designativo "informação" para "inteligência" pode ser encontrada em Sims (1995, p. 4), que define inteligência como: "A informação coletada organizada ou analisada em favor de atores ou tomadores de decisões. Tais informações incluem dados técnicos, tendências, rumores, fotografias ou hardwares".

A troca do termo "informação" por "inteligência", ao que tudo indica, deve ter se dado em razão de alguns fatores, dentre os quais, a necessidade de organizar e estruturar mecanismos para prover alguns tipos específicos de informação. O que era somente a busca de dados transformou-se em um sistema inteligente de busca, análise, organização, proteção da informação, daí a nova designação de Serviço de Inteligência.

A questão é: o que Relações Públicas tem a ver com esse tipo de organização? Se se entende Relações Públicas como um Serviço de Inteligência, cuja primeira ação é buscar informações sobre o relacionamento da organização com seus públicos, conclui-se que Relações Públicas tem seu quinhão de responsabilidade na esfera de dados e informação, porém, especificamente, apenas em termos de relação de poder entre a organização e seus públicos. Se isso é relevante, há um bom espaço para a atividade profissional de Relações Públicas.

Ora, fala-se sobremaneira na organização moderna. Tecem-se loas ao marketing, promovendo-se quase um reducionismo de todas as funções a essa função. Colocam-se termos politicamente corretos para funcionários, tais como colaborador. Estudam-se novos enfoques sobre o balanço. Além do financeiro, têm-se o Balanço Social e o Balanced ScoreCard. Há obras sobre a empresa inteligente. Logo, por que não dar destaque a esse enfoque, por meio do Serviço de Inteligência, na teoria e na prática? Aliás, já existem cursos universitários sobre esse tema.

# CONSIDERAÇÕES FINAIS

O tema desta obra é por demais extenso em definições da natureza de Relações Públicas e informação. Ambos os conceitos possuem mais de quatrocentas definições cada um. Esse aspecto dificulta a identificação de uma definição adequada de informação e sua aplicação em Relações Públicas, apesar da leitura aprofundada dos significados de cada termo. Deixa, também, o princípio de que não se enviam informações, mas, simplesmente, dados. Logo, a sociedade dita de informação equivale mais a uma sociedade de dados.

Se não se envia informação, mas dados; se a informação é resultante da interpretação dos dados; se a informação está na percepção do receptor, deduz-se que a mensagem deve corresponder às características da informação a fim de que o receptor a obtenha.

Esse "cavar" realizado em cada conceito isoladamente não leva à integração ou a uma teoria específica da conjunção de Relações Públicas e informação. O caminho auxiliar desse desafio talvez seja seguir a proposta de Popper, ou seja, elaborar uma teoria e, depois, falseá-la.

Este trabalho segue essa epistemologia. Em si não se trata de um trabalho original, ao falar sobre a relação de informação com Relações Públicas. Contudo, como proposta teórica englobando as duas categorias em um novo constructo, apresenta-se como novidade.

A Universidade possui o *status* (direitos e deveres) de criticar teorias já existentes e de criar outras. O conteúdo e a óptica desta obra possuem esses dois fazeres. Elaboram um referencial teórico, transformando dois conceitos simples em um constructo composto. Concomitantemente, contestam algumas proposições sobre informação e Relações Públicas existentes, isoladamente, no ambiente acadêmico.

Fala-se em comunicação. Há escolas de comunicação, porém se passa tangencial e pré-conceitualmente por informação, seu significado, seus princípios, suas implicações e sua utilização em Relações Públicas. Infere-se, instintivamente, que informação e sua natureza fazem parte da atividade e teoria de Relações Públicas, mas não se tem o saber de sua utilização, integração, relevância na teoria particular desta atividade. Como diz Wurman (1991, p. 38), a "ansiedade da informação é resultado da distância cada vez maior entre o que compreendemos e o que achamos que deveríamos compreender", e é possível que se sofra dela. Daí que o ser humano não pode ter todas as informações, para reduzir as suas incertezas, mas pode saber onde encontrar os dados e como transformá-los em informação.

Finalizando: "A história da ciência é, antes de mais nada, uma história de perguntas" (Santillana, 1970, p. 29).

# A UTOPIA NO CENÁRIO DA ATIVIDADE DE RELAÇÕES PÚBLICAS

Há alguns anos, sabendo que o conflito é um fenômeno natural às relações humanas e permeia os vários estamentos da sociedade, escrevi: "Se a sociedade está em crise existindo a atividade de Relações Públicas, pior estaria sem ela". Agora, repito essa frase, modificando-a um pouco. Eu gostaria de ouvir da sociedade: "Ainda bem que, entre tantas organizações e pessoas que contribuem para o desenvolvimento da sociedade, existem, também, as Relações Públicas e a sua comunidade".

Seria uma mudança na maneira como a sociedade estaria percebendo essa atividade. Seria mudar para outro lugar.

Ainda tenho esperança!

É uma expectativa utópica, pois não é isso que a sociedade diz e o que a comunidade de Relações Públicas sente. Sou um utopista e não tinha consciência dessa faceta de minha personalidade e de meu posicionamento profissional. Em meus escritos, tenho enfocado Relações Públicas do ponto de vista tecnológico, científico, estético e epistemológico; contudo, não havia percebido a possibilidade de algum dia escrever algo, reportando-me a Thomas Morus, em *A utopia* (1516), quando o que ele havia dito, escrito e discutido implicava um posicionamento de desejar a atividade em "outro lugar". Não desejo ter o rol de profeta. Deixo de lado o lema "um dia virá que..." e permaneço na "ilha". Além do mais, não ambiciono reportar-me a todas as definições do conceito de utopia. Desejo ficar somente analisando esse tema sob a óptica de Thomas Morus, em seus aspectos políticos, evitando penetrar na esfera do gênero literário.

Para escrever e falar sobre utopia em Relações Públicas e, além do mais, explicitar quais utopias devemos desafiar, é necessário clarificar o que se compreende por tal conceito. Essa é uma tarefa ingrata, considerando que, se fazemos uma arqueologia tão-somente nas esferas da filosofia, política e literatura, podemos observar que, de parte de seus pensadores, existem mais de 1.600 pontos de vista para designar a palavra "utopia".

Uma relação sucinta dos mais renomados pensadores nos leva aos nomes de Platão (*A república* – 300 a.C.), Thomas Morus (*A utopia* – 1516), Santo Agostinho (*A cidade de Deus*), Antônio Dodi (*A cidade feliz* – 1553), Tommaso Campanella (*A cidade do sol* – 1602), Francis Bacon (*Nova Atlântida* – 1627), Robert Owen (*Uma nova visão da sociedade* – 1816), Henri de Saint-Simon (*O novo cristianismo* – 1825), Charles Fourier (*O novo mundo industrial e societário* – 1929), Étienne Cabet (*Viagem à Icaria* – 1840), Nicolás Tchernichvski (*O que fazem os novos homens* – 1863), William Morris (*Notícias de nenhum lugar* – 1890), H. G. Wells (*A moderna utopia* – 1905), Ernst Block (*O espírito da utopia* – 1918), Aldoux Huxley (*Admirável mundo novo* – 1932), Burrhus Skinner (*Walden Two* – 1948), e muitos outros. Assim, invadindo o território de renomados pensadores, atrevo-me a inferir algo sobre utopia, situando-me na geografia da esperança.

Inicio afirmando — como fez Tierry Paquot, em *A utopia*, e esse desde Thomas Morus — que não é um futuro, e sim outro lugar. Um lugar que é bom. De certo modo, o lugar da felicidade. Ao final, um lugar em que o viver é tão bom que se torna inacessível. Não se trata de imaginar, num processo prospectivo, um novo mundo, mas localizá-lo, aqui e agora, no centro do antigo mundo. O princípio da utopia consiste em circunscrever um lugar que não existe em nenhuma outra parte; trata-se de delimitar e modelar um espaço no qual e com o qual uma comunidade passe a viver segundo novas regras. A idéia de um futuro inalcançável possivelmente venha do fracasso de inúmeros projetos pendentes, ao serem colocadas em prática as idéias escritas. De transformar a civilização do livro na civilização da prática.

Mas qual será esse outro lugar no qual percebo que estaria posicionada a comunidade de Relações Públicas? O que é e como é essa outra dimensão? Quais são os elementos constitutivos dessa utopia? E que utopia devemos desafiar? Não é a utopia no sentido de que seja algo impossível de conseguir no futuro, mas algo idealmente objetivado. É óbvio que, para estar nesse ponto, a comunidade de Relações Públicas tem de se posicionar de maneira utópica. Se existe confusão, não existe uma comunidade de Relações Públicas, pois ninguém se entende. Nosso objeto de trabalho possui inúmeras definições conceituais. Já em 1974, tinham-se documentado mais de 427 definições conceituais. Assim, com o que estamos lidando? Se não sabemos, como o identificamos? Como transmiti-lo aos demais e como obter uma referência? Como se permite a comunicação? Se as circunstâncias não estão claras, o que fazer para caminhar ao encontro de um destino significativo?

## O LUGAR DA ATIVIDADE DE RELAÇÕES PÚBLICAS

Existe determinado espaço geográfico, cujas coordenadas ninguém sabe identificar, mas que viajantes e aventureiros, ao contar suas peripécias, declaram existir e se caracterizar por uma cultura política que a humanidade vem desejando há séculos. Esse território, disse Rafael Hythloday, hoje, é habitado por seres humanos iguais a todos no mundo. Semelhantes em suas estruturas biofísicas e psicológicas aos outros habitantes deste planeta. Apesar de se dizerem racionais, a maioria das vezes se comportam como irracionais. São egoístas. Desejam para si os melhores e mais escassos recursos da Terra. Além do mais, são imediatistas. Eles desejam tudo e agora.

Ele se esforçam para ter o poder de decisão ou, ao menos, de influenciar na decisão de seus interlocutores para que seus interesses predominem sobre os dos demais. Suas deficiências humanas usualmente os impedem de trabalhar por um mundo melhor, ainda quando se trata de pressões ditatoriais. Exemplos que o mundo já demonstrou: que ao matar por paz se cai na falácia de que os meios justificam os fins.

Isso significa que, nesse lugar, a natureza humana não é embelezada. Sabe-se antecipadamente que os seres humanos são imperfeitos e atuam em sociedade, em termos éticos, segundo o critério da curva de Gauss, em boas e más pessoas. Por isso, os habitantes desta Terra têm consciência de que, nas decisões pessoais, interpessoais e organizacionais, existem impasses decisórios iminentes. Até mais, essa sociedade possui uma cultura muito diferente das demais que existem no mundo. Ali, a concórdia predomina sobre o conflito e, além do mais, quando esse ocorre, os habitantes buscam resolvê-lo por meio da negociação. Eles têm consciência de que seu interlocutor é um sócio e de que entre ambos rege o princípio da interdependência, ou seja, cada um depende do outro. No caso de um desaparecer, o mesmo ocorrerá com o outro. Isso está estabelecido tanto por princípio científico como pelas religiões e pelas ideologias.

Nesse outro lugar, o sistema de governo existente é a democracia. É nesse âmbito que o ser humano pode expressar seus desejos, seus sonhos e lutar por eles. É o lugar de onde se pode organizar com outros e influenciar organizações e governos que não estão atuando conforme seus interesses. O povo deste país se libertou da pressão da cultura do populismo e do medo do exercício da cidadania. Desde há muito são cidadãos, não mais sujeitos. Têm tomado consciência de que devem lutar por extinguir esse desejo antigo das ditaduras, tanto explícitas do poder de alguns como implícitas em seu inconsciente.

Nessa sociedade há outras condições. Entre elas, posso citar o jornalismo investigativo, em grande quantidade e nível; as muitas sociedades anônimas e as poucas empresas estatais; o sistema judicial rápido e eficaz; um Código de Defesa do Consumidor efetivo e, por último, mas não menos importante, o equilíbrio dos setores industrial, comercial, serviços e agropecuário.

Papel relevante na cultura dessa civilização é uma atividade profissional reconhecida e valorizada como de extrema necessidade por seus membros. Todas as atividades existem em razão de uma debilidade do ser humano em sua estrutura física ou societária. As democracias têm o terreno fértil para seu desenvolvimento, pois é nesse sistema político em que os dois objetos formais da atividade, o conflito iminente e as crises prováveis, ocorrem. Essa atividade existe em razão de ambos. Assim como existem médicos porque existem as enfermidades, essa atividade existe porque há impasses nos processos decisórios no sistema organização-públicos.

O profissional dessa atividade se encontra num dilema. Como membro da sociedade, não deseja o conflito, mas é ele o que mantém e justifica sua existência. Então, trabalha tanto preventiva como curativamente. Essa última maneira de atuar é a que oferece maiores oportunidades de obter espaço no mercado de trabalho, assim como a enfermidade é o que dá a oportunidade ao médico de ter pacientes. Os profissionais, professores e alunos dessa atividade lutam para aperfeiçoar sua democracia, pois eles sabem que foi nela que essa atividade teve origem e que ela somente existe nesse sistema de governo.

O papel dessa atividade tem por objetivo, ao intervir nos estados e movimentos do exercício de poder do sistema organização-públicos, obter a cooperação entre as partes componentes do sistema a fim de que a organização cumpra sua missão, isto é, cumpra com sua responsabilidade social, aquela que justifica sua existência no sistema maior.

Para os que lidam, direta ou indiretamente, com essa atividade, está bem explícito que ela tem por objeto de estudo e intervenção o processo de relação de poder do sistema organização-públicos, cuja dinâmica de relacionamento oscila entre o estado de ajuda mútua — a cooperação — e o estado de impasse nas decisões das partes — o conflito. O conceito de público está sendo substituído pelo conceito de agentes com influência, pois se tem dado conta de que é o melhor termo para explicar a influência que uma pessoa, grupos ou organizações podem exercer ou exercem ante a missão organizacional. Esses princípios já estão impregnados na comunidade dessa atividade e em outras da mesma área. Entretanto, não há confusão com atividades afins como jornalismo, marketing ou publicidade.

Cada uma é exercida por um especialista diferente, e todas buscam integrar suas ações. Ao profissional dessa atividade cabe a tarefa de conseguir a sinergia, coordenando as partes. Ele se preocupa que cada um faça o que é de sua área, mas de acordo com as políticas estabelecidas pela direção da organização.

A intervenção no processo do sistema ocorre por meio de quatro operações. Inicialmente o profissional diagnostica o estado do processo político do sistema. Verifica em que nível de interação se encontra a relação de poder e de comunicação, pois ambos são "os dois lados da mesma moeda". Esses níveis vão desde a cooperação total com a melhor das boas intenções, passando pelo rumor, por pressões às decisões organizacionais, pelos estados de conflito que, se não resolvidos, chegam a litígio ante a Justiça e, em casos mais raros, à conflagração, que pode ser expressa em ações tão diferentes como as chamadas "operações tartaruga", greves, destruição de bens da organização e até situações sangrentas.

Existe um estado designado pelo termo "crise" que se caracteriza por uma ruptura abrupta e perda do controle do processo de vinculação. Muitas vezes, as causas estão localizadas em "fenômenos dos céus" mas, dizem as investigações, 84% das causas são previsíveis, pois suas origens se encontram na falta de controle das políticas administrativas.

A fim de realizar o diagnóstico, o profissional faz investigações, escutando as partes, verificando seus interesses e o nível de comunicação atual e do passado. Depois de fazer a síntese da análise de todos os dados levantados, chega ao diagnóstico, que é a informação — com aquela qualidade dos dados que ele necessita para a redução de sua incerteza para a tomada de decisão. O diagnóstico leva imediatamente ao prognóstico — uma antevisão do que ocorrerá no futuro nas relações do sistema, no caso de as ações e os discursos da organização serem mantidos.

O profissional, depois de seu diagnóstico e prognóstico, passa à terceira fase de sua intervenção, a assessoria aos líderes organizacionais, de acordo com a localização da causa do problema ou com a eficácia da ação organizacional. Se alguma política administrativa ou a falta de comunicação está gerando problemas, o profissional propõe ao chefe da área de responsabilidade administrativa que atinge diretamente o problema fazer ou dizer algo relacionado aos agentes com influência específicos e a ninguém mais. Só se deve comunicar ou negociar com aqueles efetivamente ligados ao problema. Se os programas de ação organizacional têm credibilidade, o profissional está em condições de propor programas de comunicação para o reforço dessa idéia na mente dos agentes com influentes interessados.

Isso se faz quando a causa do problema é o desconhecimento do tema ou a má interpretação da ação. Mas, no caso em que o conflito já tenha se instaurado por interesses opostos bem específicos, o profissional deve propor uma negociação baseada no princípio ganha-ganha das partes.

Ao comunicar para aclarar ou justificar, o profissional põe em movimento sua quarta e última prática operacional, a comunicação, a informação ou a negociação, retornando assim à primeira operação, ou seja, à evolução dos níveis da relação. Faz isso permanentemente. Tem-se dito que ele é "os olhos e os ouvidos" da organização nos aspectos do exercício do poder entre as partes. Essas quatro operações caracterizam a definição operacional desta atividade.

O profissional faz tudo isso sob o enfoque estratégico, ou seja, somente depois de ter uma resposta para as questões: que fazer? Por que fazer? Como fazer? Quando fazer? Onde fazer? Quem deve fazer? Esse profissional não é, em absoluto, cego cumpridor de tarefas ordenadas por um escalão superior sem conhecimento da situação e sem planejamento das ações e do discurso. Evita ao máximo o velho método de "acertos e erros".

Os profissionais dessa atividade se dedicam a carreiras de graduação oferecidas em instituições de ensino de nível superior, mais especificamente em universidades. Seus conhecimentos científicos são aprofundados nos ambientes de pós-graduação onde professores-pesquisadores levantam suas hipóteses e as contrastam com a prática, buscando a sua corroboração. Muitas vezes fazem isso em equipe, com profissionais das organizações, que relatam à academia e à comunidade em geral suas práticas por meio de estudos de caso. Os profissionais, nesse outro mundo, também têm sua taxa de científicos.

A comunicação entre os professores, pesquisadores, profissionais e alunos é de alto nível, pois existe uma rede teórica constituída de conceitos, definições e princípios de consenso de todos. Nessa ilha, o significado do termo que a designa e o que o implica estão estabelecidos por meio da conduta científica, transformando a atividade numa disciplina fundamentada com base nas ciências sociais, em especial na micropolítica.

Nessa utopia, os pais e as mães sabem muito bem por que estão pagando os cursos de Relações Públicas a seus filhos ou filhas. Entendem que estão investindo tempo e dinheiro numa atividade profissional que é útil à sociedade e permitirá a seus descendentes sobreviver comodamente no futuro.

A rede teórica apresenta a definição conceitual da atividade como a gestão da função organizacional política; para tanto, requer uma atuação em nível de gerência. Reporta que o objeto material de estudo e intervenção é o processo político no sistema organização-públicos e que o objeto formal é a dialética conflito-cooperação. Contempla como objetivo da atividade a obtenção da cooperação no sistema. Segue apresentando as diversas dimensões da vinculação social entre as partes, isto é, a cultural, a econômica, a política, a ideológica, a histórica, a jurídica, a ética e a estética.

Tem a comunicação como meio, não como fim, e a informação como a matéria-prima a ser introduzida no sistema para a obtenção da cooperação. Classifica as técnicas midiáticas em técnicas de entrada de informação, de saída de informação e mista, ou de dupla mão. Vincula a atuação e o discurso da organização e do profissional com a ética e com a estética por meio da legitimidade e pelo bem pensado, bem planejado e bem executado tanto da organização como do profissional.

O processo ensino-aprendizagem é facilitado pela existência de manuais que contêm a rede teórica. Existe uma linguagem comum na comunidade. Os vários manuais existentes diferem entre si somente no estilo, na redação e na estrutura da colocação dos conteúdos. Freqüentemente, um grande número de pesquisadores relata à comunidade dessa atividade novos constructos e princípios que, cada vez mais, aprofundam os conhecimentos dessa disciplina. Fazem isso tanto por meio de artigos como de depoimentos em congressos realizados com periodicidade, em que todos os investigadores possuem espaço e tempo para comunicar seus estudos. Se os novos conhecimentos são corroborados, superando as provas de comprovação, são incorporados ao conteúdo da disciplina e incluídos nos manuais.

A participação nos congressos é grande em quantidade e qualidade de estudos. Neles participam, além dos iniciados no tema, dirigentes empresariais e governantes, que buscam melhor compreensão do que trata essa atividade e da disciplina científica que permite compreender, prever e controlar os fenômenos dessa área. Os congressos são realizados periodicamente com previsão bem antecipada do local, das normas e dos temas. Os organizadores são repartidos em dois grupos. A equipe administrativa planeja e executa as ações necessárias para divulgar e realizar o congresso; ela prepara o "ninho" do congresso. O outro grupo, a equipe científica, recebe as comunicações, ordena-as por tema e viabiliza espaço e tempo para todas. Não faz seleção de qualidade. Os juízes dos aspectos científicos são os participantes. As comunicações são feitas em dois momentos. Primeiro, os comunicadores, em um grande salão, têm cinco minutos para expor a síntese de seu trabalho. Posteriormente, são levados a diferentes salões pequenos para onde se dirigem também os que têm interesses no tema específico para debater com o comunicador. Depois, tudo que foi apresentado é publicado em anais completos.

Ao mesmo tempo, conhecendo a atividade, sabendo de seus objetivos, havendo presenciado seus resultados, os líderes empresariais e governamentais a valorizam. Isso implica que o mercado de trabalho seja receptivo e ofereça valiosas oportunidades. Em qualquer organização, seja grande ou média, há um espaço para esse profissional. De modo geral, quase sempre ocupado. A exceção ocorre na esfera das micro e pequenas organizações em que os profissionais são contratados por agência de desenvolvimento, para servir de consultores para um grupo delas.

Os seguintes argumentos estão bem claros para todos os que lidam com esse tema. Do ponto de vista teórico e prático, essa atividade reconhece o poder dos públicos. Sabe que eles podem desenvolver ou destruir uma organização. Busca a cooperação e evita a conflagração. Aceita os distintos consensos com os diversos públicos. Jamais estabelece um único ponto de vista. Defende a organização ante a opinião pública, evitando que chegue já condenada ao poder judicial, pois sempre podem existir elementos agravantes e atenuantes que permitam dirimir uma ação considerada *a priori* errada.

Traz, no mais profundo de si, o predomínio da palavra, da argumentação e da negociação sobre a força. Jamais em seus princípios e em suas campanhas impõe a força coercitiva dos atos predatórios. Amplia os espaços, jamais os reduz. Propaga o desenvolvimento, a manutenção da organização sob a égide da responsabilidade social, isto é, do cumprimento cabal daquilo que as organizações têm dito ser a finalidade para a qual foram criadas.

Ao cumprir sua missão, evita toda sorte de prejuízos para a sociedade. As organizações seguem existindo, os empregados têm trabalho, a economia se move, os recursos financeiros e econômicos circulam. Além do mais, a atividade existe para a humanização das organizações e dos sistemas dos quais faz parte. O viés de formar a imagem e a manipulação foi afastado. Aceita a concorrência e despreza o monopólio. Sua proposta contém o diálogo interno e externo nas fronteiras da organização. Respeita o princípio da "ecologia societária" evitando o desaparecimento das organizações e suas culturas e, por conseguinte, a deterioração da civilização. Sua comunidade inclui profissionais, professores e alunos, que sentem orgulho da atividade com a qual lidam. Explicitam a si e à sociedade em geral seus fundamentos científicos, morais e estéticos. Tudo provoca sinergia, promovida nos laboratórios, nas classes e na ação — reflexão dos profissionais nas organizações. Obviamente, tudo é documentado e divulgado para a sociedade.

Além do mais, toda a comunidade escreve artigos para jornais e revistas para contar os feitos heróicos da atividade de seus profissionais e professores. Isso faz que sejam criados mitos, heróis e "deuses momentâneos" que dão significado à vida dos que lidam diretamente com o tema e credibilidade junto aos que empregam a atividade em suas organizações.

## A DESIGNAÇÃO DA ATIVIDADE

Essa atividade é designada pelo termo "Relações Públicas" e não possui nenhuma conotação negativa ou restritiva. Mas há um problema. Esse termo é polissêmico. Quando é utilizado, pode-se estar referindo a uma atividade, a uma função ou a um profissional. Por essa razão, sempre que for utilizado deve-se colocar um explicativo. Por exemplo: o profissional de Relações Públicas, a atividade de Relações Públicas, o cargo de Relações Públicas.

Ao atuar para que todas as ações e discursos das organizações sejam legítimos, ou seja, venham ao encontro do bem comum, e para que todas as ações e discursos sejam bem pensados, bem planejados e bem executados, a atividade de Relações Públicas, neste país, se julga ser de interesse da sociedade, e nela tem seu amplo espaço. A comunidade de Relações Públicas tem voz ativa no desenvolvimento da sociedade e essa então diz: "É bom que exista Relações Públicas, este complexo de conhecimentos, essa atividade e seus *experts*".

# REFERÊNCIAS BIBLIOGRÁFICAS

AGOSTINHO (Santo). *A cidade de Deus.* Lisboa: FCG, 2000.

ANDRADE, C. T. de. *Para entender Relações Públicas.* São Paulo: Luzir, 1965.

ARENDT, H. *O que é política.* Rio de Janeiro: Bertrand Brasil, 1998.

ARONOFF, C.; BASKIN, O. W. *Public Relations. The profession and the practice.* Nova York: West, 1983.

AZEVEDO, M. *Relações Públicas – Teoria e processo.* Porto Alegre: Sulina, 1971.

BACON, F. *La nueva Atlântica.* Buenos Aires: Aguilar, 1964.

BERNAYS, E. L. *Relaciones Públicas.* Buenos Aires: Troquel, 1969.

BOLCH, E. *Geist der Utopie.* Frankfurt: Suhrkamp, 1985.

BORDANAVE, J. E. D. *Além dos meios e mensagens – Introdução à comunicação como processo, tecnologia, sistema e ciência.* Petrópolis: Vozes, 1983.

BOTAN, C.; TAYLOR, M. "Public Relations: state of the field". *Journal of Communication,* p. 645-61, dez. 2004.

BRIDGMAN, P. W. *The logic of modern physics.* Nova York: MacMillan, 1927.

BULLIS, H. "Management's stake in Public Relations". In: GRISWOLD, G.; GRISWOLD, D. *Your Public Relations.* Nova York: Funk e Wagnalls, 1949. p. 20-32.

CABET, E. *Viagem à Icaria.* Nova York: Hyperion Pr, 1840.

CAHEN, R. *Tudo que seus gurus não lhe contaram sobre comunicação empresarial.* São Paulo: Best-Seller, 1990.

**CAMPANELLA, T.** *A cidade do sol.* Lisboa: Guimarães, 1990.

**CANFIELD, B.** *Relações Públicas.* São Paulo: Pioneira, 1961.

**CHAUMELY, J.; HUISMAN, D.** *As Relações Públicas.* São Paulo: Difusão Européia do Livro, 1964.

**CHAVES, S. M.** *Aspectos de Relações Públicas.* Rio de Janeiro: Dasp, 1966.

**CHILDS, H. L.** *Relações Públicas, propaganda & opinião pública.* Rio de Janeiro: Aliança, 1964.

**COQUEIRO, M. C. L.** *Relações Públicas.* São Paulo: Sugestões Literárias, 1972.

**DAFT, R.; LENGEL, R.** "Information richeness: A new approach to managerial behavior and organization design". In: STAW, B. M.; CUMMINGS, L. (ed.). *Research in organizational behavior.* Greenwich: Joy Press, 1984. p. 191-233.

**DANCE, F. E. X.** (org.). *Teoria da comunicação humana.* São Paulo: Cultrix, 1973.

_____. "The concept of communication". In: APPLBAUM, R.; JENSON, O.; CARROL, R. *Speed communication – A basic anthology.* Nova York: MacMillan Publishing, 1975, p. 3-11.

**DAVITZ, J.** (ed.). *The communication of emocional meaning.* Nova York: McGraw-Hill, 1964.

**DE JOU, G.; SPERB, T.** "Abordagem do processamento de informação dentro da psicologia cognitiva". *PSICO,* v. 34, p. 159-80, jan.-jun. 2003.

**DURANDIN, G.** *La información, la desinformación y la realidad.* Buenos Aires: Paidós, 1995.

**EDWARDS, E.** *Introdução à teoria da informação.* São Paulo: Cultrix, 1971.

**EVANGELISTA, M. F.** *Relações Públicas: fundamento e legislação.* Rio de Janeiro: Rio, 1983.

**EYSENCK, M.** *Principles of cognitive psychology.* East Sussex: Psychology Press, 2001.

**FERREIRA, A. B. de H.** *Novo dicionário da língua portuguesa.* Rio de Janeiro: Nova Fronteira, 1986.

**FOURIER, C.** *La armonia pasional del nuevo mundo.* Madri: Taurus, 1973.

**GANDY JR., O.** *Public Relations and public policy: the structuration of dominance in the information age.* Hillsdale: Lawrence Erlbaum, 1982.

**GARDNER, Howard.** *A nova ciência da mente – Uma história da revolução cognitiva.* São Paulo: Edusp, 2003.

**GEE, J.; PRUSAC, L.** *Gerenciamento estratégico da informação.* Rio de Janeiro: Campus, 1994.

GLASS, R.; DAVIDSON, P. *Conheça o inimigo*. Rio de Janeiro: Biblioteca do Exército, 1956.

GOLDRATT, E. M. *A síndrome do palheiro. Garimpando informação num oceano de dados*. São Paulo: Eucatur, 1991.

GRANDE ENCICLOPÉDIA PORTUGUESA BRASILEIRA. Lisboa: Editorial Enciclopédia, 1960. v. X.

GRUNIG, J. (ed.). *Excellence in Public Relations and communication management*. Hillsdale: Lawrence Erlbaum, 1992.

HARTLEY, R. T. V. "Transmission of information". *Bell System Technical Journal*, v. 7, p. 535-63, jul. 1928.

HUXLEY, A. *Admirável mundo novo*. São Paulo: Globo, 2001.

JAMESON, S. H. *Relações Públicas*. Rio de Janeiro: FGV, 1963.

KATZ, D.; KAHN, R. *Psicologia social das organizações*. São Paulo: Atlas, 1967.

KREPS, G. L. *La comunicación en las organizaciones*. Londres: LTD, 1989.

KUNSCH, M. *Relações Públicas e modernidade: novos paradigmas na comunicação organizacional*. São Paulo: Summus, 1997.

LACHMAN, R.; LACHMAN, J.; Butterfield, E. *Cognitive psychology and information processing*. Hillsdale: Lawrence Erlbaum, 1979.

LAGE, N. *Estrutura da notícia*. São Paulo: Ática, 1986.

LEGRAIN, M.; MAGAIN, D. *Relações com o público*. São Paulo: Makron, 1992.

LESLY, P. *Os fundamentos de Relações Públicas e da comunicação*. São Paulo: Pioneira, 1995.

LOUGOVOY, C.; LINON, M. *Relaciones Públicas*. Barcelona: Hispano Europea, 1972.

MASER, S. *Fundamentos de teoria geral da comunicação*. São Paulo: EPU-Edusp, 1975.

MCGARRY, K. *O contexto dinâmico da informação*. Brasília: Briquet de Lemos, 1999.

MORIN, E. *O método 1 – A natureza da natureza*. Porto Alegre: Sulina, 2002.

MORON, M. A. M. *Concepção, desenvolvimento e validação de instrumentos de coleta de dados para estudar a percepção do processo decisório e as diferenças culturais*. Porto Alegre, 1998. Dissertação (Mestrado) – PPGA, Universidade Federal do Rio Grande do Sul, 1998.

MORRIS, W. *Notícias de lugar nenhum*. São Paulo: Fundação Perseu Abramo, 2002.

MORUS, T. *A utopia*. São Paulo: Escrituras, 2003.

NIELANDER, W.; MILLER, R. *Relaciones Públicas*. Barcelona: Hispano Europea, 1961.

NOGUEIRA, N. *Opinião pública e democracia – Desafios à empresa*. São Paulo: Nobel, 1987.

NORMAN, D. A. *El procesamiento de la información en el hombre. Memoria y atención*. Buenos Aires: Paidós, 1973.

NYQUIST, H. "Certain topics telegraph transmission theory". *AIEE Transactions*, v. 47, p. 617-32, abr. 1928.

OLIVEIRA, D. *Sistemas de informação gerenciais*. São Paulo: Atlas, 1992.

OWEN, R. *Uma nova concepção de sociedade*. Braga: Faculdade de Filosofia, 1976.

PEIRCE, C. S. *Semiótica e filosofia – Textos escolhidos*. São Paulo: Cultrix, 1975.

PENTEADO, J. R. W. *Relações Públicas nas empresas modernas*. Lisboa: Centro do Livro Brasileiro, 1968.

PERUZZO, C. K. *Relações Públicas no modo de produção capitalista*. São Paulo: Summus, 1986.

PINHO, J. B. *Propaganda institucional: usos e funções da propaganda em Relações Públicas*. São Paulo: Summus, 1990.

PIRIE, M. *Micropolitics – The creation of successful policy*. Hants: Wildwood House, 1988.

PLATÃO. *A república*. São Paulo: Martin Claret, 2004.

POPPER, K. *A sociedade aberta e seus inimigos*. São Paulo: Edusp, 1974.

POYARES, W. R. *Comunicação social e Relações Públicas*. Rio de Janeiro: Agir, 1970.

REVEL, J. F. *O conhecimento inútil*. Rio de Janeiro: Bertrand, 1991.

RICOEUR, P. *O discurso da ação*. Lisboa: Edições 70, 1988.

RÜDIGER, F. *Introdução à teoria da comunicação*. São Paulo: Edicon, 1998.

SAINT-SIMON, H. de. *O novo cristianismo*. Madri: Grand Enciclopedia Rialp, v. 20, p. 685, 1984.

SANTILLANA, G. "O historiador e a teoria da informação". In: WIENER, N. (org.). *O conceito de informação na ciência contemporânea*. Rio de Janeiro: Paz e Terra, 1970.

SEIB, P.; FITZPATRICK, K. *Public Relations ethics*. Fort Worth: Phi, Harcourt Brace, 1995.

SETZER, V. *Dado, informação, conhecimento e competência. Os meios eletrônicos e a educação: uma visão alternativa*. São Paulo: Escrituras, 2001, v. 10 (Col. Ensaios Transversais). Disponível em <www.ime.usp.br/~vwsetzer-info.html>.

INFORMAÇÃO, INTELIGÊNCIA E UTOPIA **117**

SHANNON, C.; WEAVER, W. *Teoria Matemática da Comunicação*. Rio de Janeiro: Difel, 1975.

SIMÕES, R. P. *Relações Públicas: função política*. São Paulo: Summus, 1995.

_____. *Relações Públicas e micropolítica*. São Paulo: Summus, 2001.

SIMON, R. (org.). *Relações Públicas: perspectivas da comunicação*. São Paulo: Atlas, 1972.

SIMS, J. "What is intelligence? Information for decision makers". In: GODSON, R.; SCHIMITT, G.; MAY, E. (ed.). *US Intelligence at the crossroads: agendas for reform*. Nova York: Brassey's, 1995.

SKINNER, F. *Walden II: uma sociedade do futuro*. São Paulo: EPU, 1978.

SPICER, C. *Organizational Public Relations – A political perspective*. Mahwah: Lawrence Erlbaum, 1997.

TCHERNICHVSKI, N. *Que hacer? Los nuevos hombres*. Madri: Espasa Calpe. 1994. t. XLI, p. 1065.

TOTH, Elizabeth; HEATH, Robert. *Rhetorical and critical approaches to Public Relations*. Hillsdale: Lawrence Erlbaum, 1992.

TURK, J. "Information subsidies and media content: a study of Public Relations influence on the news". *Journalism Monographs*, nº 100, dez. 1986.

TURK, J.; FRANKLIN, B. "Information subsidies agenda-setting traditions". *Public Relations Journal*, 13 (4), 1987, p. 29-41.

WELLS, H. *Utopia moderna*. Nova York: Downtown Books, 1970.

WEY, H. *O processo de Relações Públicas*. São Paulo: Summus, 1986.

WIENER, N. *Cibernética: o el control y comunicación en animales y máquinas*. Barcelona: Turquest, 1985.

WITTIG, A. *Psicologia geral*. São Paulo: McGraw-Hill, 1981.

WURMAN, R. S. *Ansiedade de informação: como transformar informação em compreensão*. São Paulo: Cultura Associados, 1991.

YOUNG, P. *The nature of information*. Nova York: Praeger, 1987.

YUEXIAO, Z. "Definitions and science of information". *Information Processing and Management*, v. 24, n. 4, p. 479-91, 1987.

ZEMAM, J. "O significado filosófico da noção de informação". In: WIENER, N. (org.). *O conceito de informação na ciência contemporânea*. Rio de Janeiro: Paz e Terra, 1970.

**ROBERTO PORTO SIMÕES**

Professor titular da Pontifícia Universidade Católica do Rio Grande do Sul, desde 1963.

No curso de pós-graduação, pertence à linha de pesquisa Comunicação e Poder nas Organizações, orientando mestrandos e doutorandos e lecionando as disciplinas Relações Públicas e seus Fundamentos em Micropolítica, Teoria da Informação e Teoria das Organizações.

Na graduação, leciona a disciplina Teoria das Relações Públicas e orienta monografias na área de Relações Públicas.

Foi coordenador dos cursos de Relações Públicas da PUC-RS (Porto Alegre, 1970-1975) e da Feevale (Novo Hamburgo, 1983-1987).

Consultor de Relações Públicas, especializado em empresas familiares, desde 1969, tendo, até 1996, prestado serviço a 46 organizações públicas e privadas, em agências de Relações Públicas e de Publicidade e em jornais.

**IMPRESSO NA**
**sumago** gráfica editorial ltda
rua itauna, 789  vila maria
**02111-031**  são paulo  sp
telefax 11 **6955 5636**
**sumago**@terra.com.br